商务新知译丛

媒体职业道德规范与责任体系

〔法〕克劳德—让·贝特朗 著
宋建新 译 刘振琪 校

商务印书馆
2006年·北京

Claude-Jean Bertrand
MEDIA ETHICS AND ACCOUNTABILITY SYSTEMS
© Preasses Universitaires de France
根据法国大学出版社 1999 年第二修订版译出

目 录

引言　1

第一章　概论
第一节　媒体的六种功能————10
第二节　媒体的类型————12
第三节　新闻与娱乐————13
第四节　参与者————14
第五节　市场、法律和媒体职业道德——17
第六节　道德、媒体职业道德规范
　　　　和质量控制————21

第二章　原则与价值
第一节　媒体的性质与诸种效果————24
第二节　人类价值观————28
第三节　表达的自由————31
第四节　交流的权利————33

第五节　媒体价值观————————36

第三章　职业道德规范的类型与内容
第一节　条款的种类—————————44
第二节　娱乐媒体的职业道德——————57
第三节　道德规范的解释与执行—————61

第四章　失职
第一节　获得与选择—————————69
第二节　新闻的处理与展示——————77
第三节　社会福利——————————80
第四节　娱乐业———————————82
第五节　广告问题——————————86

第五章　媒体道德规范选编
新闻记者权利和责任国际宣言——————88
英国新闻投诉委员会的实践准则—————91
俄罗斯新闻记者职业行为道德规范————96
特别部分：《法国追求报》报道犯罪和
　　突发事件的道德规范（节选）—————99

第六章　媒体责任体系

第一节　参与者 ——————————— 105

第二节　基本手段 —————————— 109

第三节　两种特别的媒体责任体系 —— 127

第七章　批评和障碍

第一节　各种批评 —————————— 131

第二节　障碍 ———————————— 137

结论 ——————————————— 146

附录1　参考书目 —————————— 158

附录2　作者著作 —————————— 161

引言

约一百年前,法国抖出一件大丑闻:法国政府明知沙俄还款能力微乎其微,却仍向其贷出数十亿美元。当时,任何反对这笔贷款的声音全被新闻媒体封杀,原因是新闻媒体为了一笔可观的黑金,与银行界暗中勾结所致。1990年法国一家主要广播电视集团新闻部主任曾对某外国政府反对党的听证会进行了采访。据知,这家广电集团在该国拥有多个大型建筑工程。事后,有人曾听该集团总裁扬言:"她(指广播电视集团的新闻部主任)应该明白我们这样一个工业集团在该国的利益所在。如果她不懂的话,我们就会让她走人。"

类似的丑闻内幕,公众可能并不知情。

法国公众曾看到过这样的丑闻,如某一著名电视新闻播音员1991年曾在一次对卡斯特罗的电视新闻采访中弄虚作假,五年后,又因涉及另一起受贿案件而被调查,然而,直到1999年,他才离开电视屏幕。在这长达八年时间里,他竟然一直在电视屏幕上一本正经做秀。

如果民意测验表明公众不信任媒体并认为新闻自由被限制,这并不奇怪。只有不足三分之一的法国人认为记者有独立的自由。美国报纸协会的一篇社论曾指出:"美国人正逐渐得出一致看法,即新闻有倾向,有背景的强力人物或强力组织能够封杀或操纵报道。"公众各阶层对媒体提供的各种娱乐节目表示强烈的不满。

现在的新闻传媒业要比以前好多了,人们却不断指责新闻传媒业的每一次过失。看过一些十九世纪的日报,或扫过几眼二十世纪五十年代电视屏幕,或读过一些当代批评文章的人,都能看到新闻传媒业的这种发展过程。较之过去,现在新闻传媒业确实有了进步,不过,其现状仍很平庸。

过去,很多人做自己的事情可以不需要媒体,而现在,即使在乡村,人们已经不是需不需要媒体,而是离不开好的媒体。

人们对目前的这种改变并不满意,这是因为,人类的命运将寄希望于这样的改变。

民主制度可以保证人类文明代代传承,可是,没有受到良好信息服务的公民就没有民主制度可言,而没有高质量的传媒服务就没有文明社会的公民。

这种说法似乎可能有些夸张,但是,看看前苏联在1917年至二十世纪八十年代间发生的一切,就不会认为是夸张。在那里,成千上万古籍及艺术珍品被毁殆尽,大片国土被严重污染,成千上万的人民被处决,苏维埃的新闻媒体却不能,也不去揭露或抗议这些事情。

当新闻媒体没有充分发挥其功能时,任何一个社会都会提出这样一个关键性问题:如何能改进媒体?

新闻媒体 可以看成是具有工业、公共服务业和政治组织这三种特征的集合体。事实上,并非所有媒体都具有这三种特征。首先,新技术使那种小作坊式的媒体的生存成为可能。其次,有些媒体产品与公共服务无关,如,超市的各种产品推销小报等。再次,很多媒体根本不在政治生活中发挥作用,如为各行各业服务的资料刊物。

这里所指的新闻媒体是那种能引起民众关注,并刊登综合时政新闻的载体,而不是那种只有其中某一种特征的媒体。

自由的冲突 企业自由与言论自由的冲突是根本性的冲突。传媒企业资本家(和广告商)眼里的新闻传媒业和娱乐业,与自然资源和消费者一样,都是需要开发的自然资源。这些人竭力维持社会稳定,因为只有社会稳定,他们的开发才能获利。另一方面,公众认为,新闻传媒业与娱乐业只是一种人们可以从中得到满足和快乐的工具。如果这个行业没有变化,公众的需求就得不到满足。

这是一种两难选择,不可调和。许多年以来,世界上超过半数以上的国家只能选择其中一种。每种选择都坚持排斥对方。法西斯独裁者压制言论自由,而不触及媒体的所有权。而前东欧政权虽然声称维护言论自由,却极力压制企业自由。两种情形的结果是一样的,残废的传媒业只能沦为愚民和灌输的工具。

有一种选择可能给予新闻传媒业全部(政治上的)自由可能。始自二十世纪八十年代初,随着全欧洲的广播网受政府垄断和控制状态的结束,民主化在欧洲得到了极大改善,新闻传媒业也得到了极大的发展。

可是二十世纪日益增长的传媒商业化以及传媒企业兼并所形成更大垄断集团不能与传媒业的多元化相处得很好。

传媒业垄断化不是新闻独立所需的有利环境。假如传媒业的自由是绝对的,不受丝毫限制,传媒业在新闻报道和娱乐领域就会为了谋利而出卖自己。美国差不多所有的媒体全部商业化,相应法规也很少,欧洲人看到这些,很担心。

美国资深报纸编辑艾格·罗伯特说:"传媒业兼并的目的是增加利润,取悦于股东,例外的很少。"

美国一家报业组织声称自己利润率为25%,而一家电视台的利润率可达50%。

传媒业追求的终极目的,不能仅仅为了赚钱,也不是仅仅为了自由。

自由是必需的,但不是全部。传媒业的目的应该是为全体公民服务得更好。西方世界私营传媒业长期醉心于政治自由,然而对公众的服务却很差。不过,英国的英国广播公司(BBC),本质上讲,政治自由比美国广播公司(ABC)要少,但是BBC给其听众和观众的服务要比ABC好。

那么,反过来看,媒体应该受国家控制吗?二十世纪前东欧和法西斯主义的痛苦经历已经使人民不信任政府。他们担心这种媒体和娱乐业会整个被政府控制。

显然,无约束的新闻自由将是无法忍受的。媒体也不能委托给国家。世界上每一个民主国家都有这样的规定:新闻应该是自由的,但不能是无约束的自由。

自由与控制的平衡问题不是新问题。美国总统约翰·亚当斯(1797—1801)在1815年写给朋友的信中说:"人类的命运如果有所改变的话,哲学家、理论家、立法者、政治家、道德家都将发现制定新闻管理条例是他们必须解决的最困难、最危险、最重要的事情。"

一般来讲,在盎格鲁—撒克逊语系的国家里,为了规范好媒体,人们主要从"市场"因素考虑。而在拉丁语系的国家里,为了规范好媒体,人们则主要从"法律"因素考虑。两者是不可缺少的,也是危险的。两者也缺一不可,我们还需要找一种补充机制,这机制就是传媒职业道德规范和责任体系。

媒体职业道德规范　　为了使媒体更好地满足全社会不同阶层的人的需要,媒体职业道德规范应由若干适用于新闻从业人员的原则和规定所组成。民主国家里，记者是很特殊的职业，记者的权威性不是建立在某种社会契约之上，也不是建立在通过法律程序任命或选举出来的人的委托之上。因此，为了维护其尊严和独立性，新闻传媒业需要深刻意识到自己的根本职责是为全社会公众提供良好服务。

媒体职业道德规范不是法制条文，也不是道德条例。狭义地讲，这种职业道德规范对确保某种主要社会功能的正常发挥而做到诚实有礼并不难。可是，除非用否定的方法，否则，界定媒体高质量服务也不容易。例如，法国的地方性报纸正在减少，剩下的版面上尽是鸡毛蒜皮的社会新闻，而法国一家大广播电视网却从来不为儿童教育制作节目，跟美国完全一样。

当然，媒体职业道德规范只能存在于民主制度下。当今世界，谁都认为人不能做到独立思考，不能独立控制自己的生活，也不接受自我控制。人们认为媒体职业道德规范只在享有言论自由的媒体和有良好素质记者的国家里受到应有的尊重。在这些国家里，媒体和记者们为自己的工作而自豪。

在贫穷国家里，消费者少，广告也少，因此那里的媒体贫穷、腐败或者受国家资助和控制。这意味着，在很多那种国家里，即使媒体有官方声称的民主，实际上，媒体职业道德规范在那里也没有意义。

为什么是现在？ 当初提到媒体职业道德规范时，

传媒业界要么轻蔑沉默,要么愤怒抨击。现在越来越多的业界人士对媒体职业道德规范的兴趣渐浓。他们在书中、报纸的社论和文章里、行业杂志特刊和各种学术研讨会里提到媒体职业道德规范。为什么?

很多欧洲记者被问及这个问题时,他们的回答各式各样。有的说是高技术的发展、媒体兼并加剧、媒体商业化进程加快、新闻和广告互相融合、假新闻增加等,有的认为是某些记者严重违反职业道德、媒体的可信度下降、政治危机中媒体的角色不公正、媒体与政府间缺乏联系、限制新闻自由的立法威胁、记者行业协会说话逐渐有分量、八十年代自由放任的反作用、电视上暴力节目和纪实秀等多种因素造成的。

我认为,出现这样的变化原因的确很多,但主要原因有三点:

首先是公众教育水平的提高,这使得人们的要求越来越多,也变得越来越好战。很多人懂得现在好的媒体服务是多么的重要,也知道传统新闻观念与现代社会是多么不协调。媒体的消费者们逐渐意识到了他们能够也应该在这方面做点什么了。

记者的教育水平比以前要提高了许多。他们中的很多人希望愉快地发挥他们的作用,享受更好的社会尊敬。民意调查显示,大部分记者认为少数人违反职业道德的行为是不能容忍的。

媒体的平庸也使那些为此需要负责的人感到伤心。几乎所有的地方,报业经营者们都难过地看着报纸发行量下降和人们看电视时间的减少。广告商十分担心投放广告的媒体的可信度下降。此外,多年来,商人对自己投放市场的商品的影响力十分关注,也更加注意他们花了钱的媒体的服务质量。

技术层面好的坏的影响也帮助了媒体职业道德规范。传媒业采用众多价廉新技术,一方面使媒体更加平民化。同时,也使新闻造假变得容易。记者在电视屏幕上直接面对观众,没有分析的时间,有新技术的支持,控制信息成为很容易的事,而电视画面造假也同样容易了。

其次,国际互联网的兴起也是一个原因。1998年元月,当马特·多得吉第一次在电脑上发布克林顿与莱文斯基丑闻时,人们发现了一种新的媒体传播方式。每个人都可以连通互联网,这可是非常棒的新闻平民化。但是,另一方面,每个人都可以在互联网上倾倒垃圾。因此,人们对诚实的值得信赖的有责任感的记者的需求将会不停地增长。

媒体对利润的追求,使得媒体现在格外注重公众的看法。不过,这也使他们有了更多的对那些假新闻或将娱乐节目庸俗化或将两者合二为一的不当行为的解释理由。人们可以看到各种职业说客激增:拉广告的人、新闻官、媒体顾问、选举活动专家。

最后,苏联的垮台也对这种改变有帮助。苏联的垮台使国家解决媒体问题的神话得以终结,这使媒体职业道德规范获得新生并成为可以接受的原则。这种原则与利用经济力量开发媒体的思路相对立。

现在,媒体职业道德规范面临的困境是,普通民众对其不知晓不理解,媒体圈内也视其高深莫测。

概论

1

第一节 媒体的六种功能

判断媒体能否提供良好服务,你首先需要知道媒体会提供什么。这里分了六大类。每一种功能的失调,就是媒体职业道德规范要打击的靶子。

1. 观察环境。当今社会,只有媒体能给我们快速全面提供发生在我们身边的各种事情的报告。媒体的工作就是了解信息,然后分析、调查和传播这些信息。尤其在选举期间的空当时期,媒体的眼睛一直要盯着执法、立法、司法这三种权力。

2. 保证社会信息沟通。民主社会里,通过争论达成妥协,和按多数人意见为行为准则的方式是必要的。没有这种方式,就没有和平共处。当今社会,媒体就是提供这种争论的论坛。媒体把不同的个人观点汇集成一个团体的看法,将不同团体的看法汇集成一个国家的看法,这有助于国际合作。此外,一些小媒体也能反映主流社会边缘的弱势群体的声音。

3. 了解世界真相。当今世界没有人能直接了解整个星球的情况。在每个人的经历之外,我们的知识除了来自学校,来自谈话外,主要的还是来自媒体。就普通人而言,不被媒体话题谈论的地方和人群,是不存在的。

4. 传播文化。每个民族的传统文化都需要一代一代人传承下去:世界的过去、现在、将来的景象,多种传统和来自不同个体的价值观最终融合成一个道德体系。每一个人都要被告知什么该做和什么不该做,什么能行,什么不能行等等。在社会进程中,西方社会的教堂现在已经不扮演以前那种角色了,这一点在欧洲很明显。家庭生活也一样,尤其是美国。虽然学校还保留着,但媒体对个人的影响现在已经贯穿于人生的全过程。

5. 提供娱乐。现代社会里,娱乐业比以前更加独立,更能释放和减少那些能使人产生生理和心理疾病的紧张情绪。娱乐业主要是媒体提供。媒体的使用者们特别希望这一功能与其他五种功能融合得更好,以发挥最好的作用。

6. **销售**。媒体是广告的主要载体,媒体资本家的最基本目的就是诱使公众购买广告商的产品。为了得到广告,他们极力创造出一种良好的环境。对某些人来说,广告在刺激消费和商业竞争中扮演了积极角色。它发布了消息,降低了价格。另一方面,批评家也指出,这些广告不仅误导公众,而且造成浪费和污染。

第二节 媒体的类型

通常而言,(大众)媒体是一种工业公司。这种公司是通过特别技术手段,将同样信息同时向众多分散的个体受众传播。这里说的媒体通常是指报纸、杂志、广播和电视。

按此种解释,媒体不相同,相应的职业道德规范也不完全相同。平面印刷媒体与视听媒体的区别十分清楚。国家控制的"公共"媒体与商业媒体和非商业的私营媒体的区别也是很明显的。

不过,某种特别的新闻评论不在此列,这些评论内容,大部分源于自由撰稿人,而弄清这些人的道德标准是很困难的。这些人收入中的大部分来自特定的广告商。

第三节 新闻与娱乐

娱乐媒体属于一种特殊媒体类型。其中一些媒体纯粹为了娱乐,例如拼字杂志等。职业道德规范与这类媒体没有关系。可是,当伦理学家们正紧紧盯着新闻业的时候,社会公众却对众多娱乐类媒体表示了极大的不满。娱乐类媒体一般都由大型工业企业操纵,政治上似乎没有要求,因此,这类媒体的走向与职业道德规范的内容不会有冲突。在很多国家里,一些法律法规和规范性文件可以使诸如色情文学的司法审判进行下去。

二十世纪九十年代中期,先是社会公众,然后政治家们紧随其后,对屏幕、银幕和广播里所充斥的歇斯底里暴力内容表示出了强烈不满。

新闻传媒与娱乐媒体之间的界限一直都不甚清楚,现在,这种界限变得更加模糊。大众媒体经常优先关注娱乐圈的事儿,而众多商业媒体目光也紧紧盯着它们的产品包装。

应当承认,两者间的重合无法避免,例如,一篇新闻报道尽管毫无重要性可言却可以写得引人入胜。反过来说,人们也能从娱乐媒体里学到很多东西。两种类型的媒体都能提供知识和教育。要做到为公众服务好,这是不可缺少的服务内容。但是,两个领域不应混淆。

它们的目的不一样:一方是提供准确有益的新闻;另一方是提供既不伤害个人也不危害社会的消遣娱

乐。因此,其行为准则很难一样。

第四节　参与者

雇主与雇员　媒体与为其工作的人员不应作为一个整体对待,就像美国那样。两者责任不一样。新闻记者的确有能力犯很多的职业过错,但是,媒体的编辑导向及其对职业道德规范的态度是由媒体的所有者(资方)和其代理人所决定的。

高级行政管理人员需要有商业才能,不一定要有道德良心。这些人需要遵守法律法规。如果做不到这一点,他们就必须承担法律责任。事实上,现在很多管理人员只是一个雇员,只对股东负责,这些人只关心法律的底线。不管怎么说,这些人因为大权在握,因此,任何关心媒体职业道德规范的人最好不要引发他们的敌意。

至于众多的新闻记者,除了其中个别大笔杆子外,他们以前只是一些听话的惟利是图的小文人。可是现在不同了,他们的专业发展成了一门职业。除了有各种专门的职业协会和职业道德规范外,新闻行业的专门大学教育已经在所有发达西方国家得到发展。作为自由职业者,他们的首要任务应该是为他们的顾客服务好。

新闻记者中的另一类人组成的一个群体,其地位十分重要。这个群体就是由管理层任命的主编。主编经过授权拥有制定编辑方针和人事聘用和解聘的权力。他们在媒体职业道德里承担的角色十分关键。他们能使用处罚权以强化各种规则。遗憾的是这些人使用这种权力很小心,家丑总是不外扬的。

普通记者与大牌名记者 媒体的使用者常常把这两类人搞混淆了。其实,普通记者人数众多。他们报酬一般,面临多重压力,有时,还被采访对象瞧不起,媒体的各种过错也常常算在他们身上。他们身份低微,只能拼命工作,尽可能地把报道工作做好。

大牌名记者,人数很少,主要是电视上露脸的人,报酬丰厚,声名显赫,是普通记者和年轻人,以及公众眼里的偶像。然而这些人对媒体职业道德规范的危害十分巨大,他们犯的过错,有时十分严重并引人注目,会对整个行业产生极为恶劣的损害。

广告商 他们是很多媒体的重要客户。他们保证了媒体的繁荣。出于对广告信息可信度的考虑,他们很看重媒体的内容质量,看重媒体广告能否极大吸引读者的注意力。另一方面,广告商为了尽量模糊广告与新闻之间的界线,在很多方面也要依靠媒体。所以,有时,广告商可以说是"社会责任"的最强烈的反对者。

媒体的使用者 社会交流是如此的重要,以至于它不能由专业人员单独承担。无论如何,言论自由与新闻自由也不属于媒体独享特权,而属于全体社会大众。现在,民意测验清楚地表明,公众觉得自己一直被媒体愚弄和欺骗。这种强烈的不满有时能够被证实是对的,是有道理的。但是,也不经常是这样。太多的人没有意识到对新闻业的专业要求,因而表达的不满常常是不公正的。

"新闻"常常意味着反常的,令人不高兴的各种事情。现在的公众也不能抵挡住长久以来习惯做法的影响,即:杀死带来坏消息的使者。

冷漠、无组织、无知、偏执使得媒体使用者们有时为新闻自由设置障碍。他们对捍卫新闻自由很少表现出积极的主动性。例如在法国,当法国信息部长已经直接控制了电视时,法国民众开展过联合抵制交纳电视使用年费的运动吗?上个世纪八十年代,当主要公众电视网卖给一个建筑工业大亨时,民众里出现过任何一次反对这一行为的请愿签名活动吗?在澳大利亚,当某一跨国集团将 60% 的日报掌握在自己手中时,街上有过任何反对这一行为的民众游行吗?世界各地有过抗议广告上将妇女描绘成性倒错的示威游行吗?

公众的态度由于或好或坏的原因,无论是冷漠还是抱有敌意,都具有政治危险性。为了民主制度的生存,需要有补救办法。二十世纪以来,有一种补救办法慢慢发展起来,这就是使媒体要具有"社会责任"。

第五节　市场、法律和媒体职业道德

市场　苏联和其卫星国的那段长长的历史已经证明：自由企业对自由传递信息和自由讨论是十分必要的。在大多数欧洲国家里，当电视完全依靠国家时，这一点表现得很清楚的。事实上，缺乏竞争只会催生平庸媒体。在美国的有线电视和卫星电视蓬勃发展以前以及当美国三大商业传媒网垄断整个电视广播时，情况就是这样。

我们怎么能够接受众多公司抢夺至关重要的公众服务，并且开发它，用于赚钱？我们怎么能接受它们声称新闻机构应该享有全部自由，所有法规要全部废除呢？

"市场"并不能足够地保障好的社会沟通。从最好方面看，它能为大多数表达自己的意愿提供可能。从最不好方面看，媒体将成为少数富人的仆人。十九世纪后半期的残酷的资本主义社会，已经展示了这一点，即：如果缺乏国家规定，商人们是很少关心为公众服务的。

法律　因此，为了强迫媒体为所有公众提供充分服务，法律是必需的。所谓法律，指的是经议会投票通过的法令、管理机关发布的各类规定、法院的各种裁定，以及各企业为获取营业执照所作的契约性保证。强制执行这些规定的工作属于警察、政府官员以及类似美国通讯委员会或法国的国家视听委员会这样有管理职能的机构。

民主政体的法律涉及的是禁止某些确定的行为，不在此之列的行为都是允许的。如果每个人都同意某项措施适用于公共利益的话，例如，为了反对诸如诽谤、煽动谋杀等行为，为什么不使这种措施形成为法律呢？

很多国家，电视里禁止播放香烟广告，但是，法律并非只是禁止。很多欧洲国家允许公民在新闻领域里有合法的"回答权"。很多国家也使用财政补贴小报，以帮助这些小报避免陷于垄断兼并狂潮的厄运。

欧洲人担心商业干预更甚于担心政府干预。

就其本质而言，法律并不是限制，它能帮助媒体从事其工作。瑞典新闻法准许新闻工作者拥有一系列豁免条款。那里没有新闻检查，即使战争期间，也不能强迫记者说出他们的新闻来源（一些特殊情况除外），即使在法庭上，媒体也能受到特别保护。

当司法权力是独立时，这种权力能促进媒体充分发挥自己的作用，也能对限制性法律作出有利于媒体的解释。欧洲人权法院已经确认英国新闻记者有权保护他们的消息来源，而在此之前，英国法院却否认英国新闻记者有这项权利。

美国的态度似乎很荒谬，美国新闻工作者们拒绝任何新闻法和几乎所有为加强媒体职业道德规范所做的各种努力,但是,他们却对大企业限制新闻自由的做法很少说一个"不"字。

法律和职业道德规范,这两块领域不是截然分开的。应当承认,人们很少在西方的职业道德规范里看到法律中通常所包含的禁令(例如"国家安全不得受到危害"),也很少看到合法的禁令(例如媒体编辑的文章应与商业广告明显分开)。但是,针对新闻记者的各种责任而提出的职业道德规范,在所有其他国家(或某些国家)的法律里却得到了体现。

在法国,回答权是合法的,但是,在英国和荷兰却不合法。德国的职业道德规范建议不要公开发表那些不到法定年龄的违法者的姓名和照片,而在其他国家,法律则禁止公开发表。在美国,哥伦比亚广播公司要求刊登各类民意调查结果时应该同时刊登有关调查方法的资料,而在法国,这却是一项法律上的义务。

显然,有些行为既被法律谴责又被职业道德规范所谴责。很多职业道德规范为新闻记者争取一些权利,这些权利是其他国家开明的法律允许新闻记者享有的,例如德国的新闻记者有职业秘密,美国的记者可以接触档案,法国的新闻记者有权拒绝接受与自己信仰相冲突的任务等等。

法律法规确立了一种框架,在这个框架中,每个从业者在多种行为中可以有选择的自由。媒体职业道德规范创建的却是另一种更为严格却仍然留有某种选择的框架,这个框架是由每个从业者个人的价值观所铸成。

媒体不触犯法律也可能引发严重的问题,而被法律允许的行为也可能与职业道德规范相冲突,例如,某个记者接受某个企业家邀请去度一个豪华假期;相反,职业道德也可以允许某些非法的行为,例如,为了揭露一桩严重危害公共利益的丑闻而偷得某份证明文件。

尽管两者有些重合,但两个领域的区别也是很清楚的,保持这个状态很重要。使用法律来判断新闻是非的做法总是很危险的。这有很多原因:某一种法律的有效性取决于使用这一法律的社会政治环境。当今政府却多方面使用它,要么滥用,要么成为钳制新闻自由的借口。有些领域(例如隐私)就没有很好的法律,以至于这一领域的法律要么太模糊,要么太具体,所起作用总是坏的多于好的。还有一些社会态度(例如对性的态度)改变速度之快,以至于相关法律很快就过时了。总之,相当一些过错并不犯法。法庭可以惩罚媒体所实施的某种行为,但对懈怠行为却无能为力。此外,司法机构处理程序还存在反应慢、成本高、高压胁迫等不足。

新闻业是一种职业吗? 也许由国家出面创立而非独立人士设立的博学人士组成的立法班子能够给这个问题提出解决方案?法国诺贝尔文学奖得主加谬1957年在《世界报》上撰文说道:"从来没有任何有关新闻记者的法律条款来保护这项自由职业,以及保护它必须拥有自由的责任,对此,我总是表示遗憾。"

对新闻行业而言,在有限范围内,强调自律会更好些。新闻业被认为是一种与法律和医学一样的职业,这种理想主义想法与某些新闻记者的愿望是一致的。

但是新闻行业不是一种职业。这可以从很多方面解释其原因。

首先,新闻行业并不是建立在一门科学(由一整套理论以及一系列知识体系构成的科学)之上。在几乎所有国家里,对记者个人来说,从事记者行业,并不强求记者个人一定要有正规学历教育文凭或通过考试,以验证其知识储备状况。记者也不需要上岗执照。从事这项工作的人既是雇主又是雇员的情况很少见。

其次,从业者与顾客之间没有直接关系。国家为了保护公民不受记者的侵犯,也并没有觉得需要对新闻行业实施强制规定或设立特别法庭。现在,关于记者的法律规定一个也没有,除了在一些拉丁语系的国家,如意大利,那里在墨索里尼时期曾有过,现在执行得并不好。

考虑到政治监督功能和允许媒体有不同意见等因素,很多新闻记者和局外观察员认为,媒体职业道德规范应该独立存在,与政府保持距离。

第六节 道德、媒体职业道德规范和质量控制

道德 需要把道德、媒体职业道德和质量控制这

三个概念(无论它们中每一种概念用什么名称)区别开来,但经常没有这么做。"道德"一词可以是某人"个人伦理道德规范"的另一种表述,这种表述是以世界观和人生经历为基础的一系列责任感的说法。

媒体职业道德规范 拉丁语系里,"职业道德规范"这个词有不同拼法,如法语拼写为"déontologie",而意大利语和西班牙语拼写为"deontologia",它的含义是适用于某一个行业的行规,经常的情形是,这种行规并不是用文字写出来的,而是一种能体会到的"能做"或"不能做"的感觉。

很多国家里,各种记者和编辑的行业协会已经感觉将这方面的诸多职业责任纳入某种章程里的做法十分管用,尽管有些记者对这种做法给予强烈批评。

质量控制 对某些人而言,"道德"和"职业道德规范"这两个术语里包含有令人不愉快的内容,也容易使人联想到说教、道德训诫,甚至专制极权统治下的"道德秩序"。由于激烈的市场竞争,这些内容似乎与越来越商业化的媒体世界不相关了。

"质量控制"是一个当今媒体世界很少用到的概念。这个概念的好处有很多。它覆盖了个人道德规范、媒体职业道德规范,以及任何能更好地为公共服务而提出的积极措施。

它主要关注的角度是中立的,能满足社会交往中各种参与者的需要。对媒体使用者而言,它意味着能得到好的服务。对新闻记者而言,它意味着能提供更好的报道产品和更高的可靠性。对媒体的拥有者(资方)而言,它能提醒其注意日本人商业成功的秘籍,以增加其利润。总之,它崇尚的是行动,不是空谈。

2 原则与价值

第一节 媒体的性质与诸种效果

媒体是现代生活非常复杂的社会系统以及众多子系统的一个部分。整个社会活动就像一个巨大的有生命的生物体一样，每一部分都要依靠其他部分。一个子系统工作不好能引起整个机器不能充分发挥作用。

所以，即使在自由社会里，媒体的自治也是有限的。很大程度上说，媒体现在所处的角色和所作所为是其以往文化、国家经济所要求的，是现在决策者们想要的，是现在消费者和公民们所渴望的。

此外，人们还应考虑到媒体的三种性质，特别是当它们涉及职业道德规范时，更应如此。由于媒体是工业、公众服务和政治机构的集合体，三种角色间彼此界线也不甚清楚明晰，因此，很多问题都由此产生。

公共服务 即使新闻业在世界某些地方并不享有宪法的保护（如美国）或不享有新闻法的保护（如法国），但是，在公共服务中，传统却赋予新闻业很多特权。媒体以公民的名义握有这些合法的或传统的权利。

人们对媒体职业道德规范予以严肃思考是始于两次世界大战期间的美国。人们对新闻成为一种职业的兴趣越来越浓，在高等教育中开设新闻专业，也是在那个时候。1947年，美国哈钦斯委员会发表了其报告。二十世纪六十年代，人们越来越注意到媒体的"社会责任"。美国现在使用这个词，意味着新闻记者应该向人民负责。在欧洲，人们更愿意使用"公共服务"这个词表达相同的意思。

不幸的是，这个词现在与国家联系在一起，因为很多年来，国家或严格控制大部分公共服务。但事实上，两个词描绘的是相似的客体，而其他人则用"媒体职业道德规范"或"质量控制"来表示。

一种政治机构 与其他三个等级不同，第四等级是在这样一些人手上，这些人既不是选举出来的，也不是因其能力而任命的。这似乎与民主原则不相符。二十世纪二十年代和三十年代英国保守党首相斯坦利·鲍德温的一段话非常著名："（保守主义的）大众化报纸的主人眼里瞄着的是一种权力，一种没有责任的权力，一种各个时代的妓女享有的特权。"

所以，他们有更好的机会维护其自由。新闻业总是受到威胁，因为它自身对当局来说就是一种威胁。在所有国家里，政治上的右翼或左翼，无论谁掌权都寻求限制新闻自由。历史上两位自称是鼓吹自由主义的冠军：一位是英国前首相撒切尔，一位是美国前总统里根，他们执政时，对新闻自由的打击超过了其任何一位继任者。

工业 大众传播出现后，每个公民有史以来第一次可以在不同层次上参与管理自己国家的事务。可是，这却要求媒体采用工业结构形式运作。因此，在很多西方国家里，从二十世纪之初，新闻业采用的是资本主义组织形式。今天，绝大部分传媒业属于大型商业化企业，而这种大型商业化企业的初衷并不是为公众服务。

美国的一位著名经济学家米尔顿·弗里德曼曾说过："商业企业主要而且也是唯一的社会责任就是增加利润。"《华尔街日报》的一位领导人说得更加露骨直白，他说，一份报纸就是"一家私有企业，与公众毫无关系。公众没有给报纸任何特权，所以，报纸也与公共利益不沾边。报纸看重的是出资人的财产，而出资人以自己承担风险方式销售产品"。

但是，随着工会要求更加合理的工资，随着技术进步要求更多的投资，媒体工业的支出也逐渐增大。媒体公司自然而然欲竭力消除竞争或竭力走向垄断，以图降低成本。

当然,随着媒体财力增强,媒体能对社会公众的服务得更好。但是,当媒体形成垄断时,当巨大政治权力掌握在少部分人手里,而这些人的主要目的又不是为公众提供信息服务时,公众利益很可能受到损害。因为,控制媒体的这少部分人,并不对公众每一个人负责,而是只对其股东负责。

现实社会里,大财团有权决定世界上发生了什么,因为,大财团有权决定媒体能报道什么,不能报道什么。当一个国家的某一经济部门陷入独家垄断控制或寡头垄断控制时,情况就会十分令人遗憾。如果这种情况发生在媒体身上,而媒体又是全社会神经系统的一个组成部分,那该怎么办?

媒体的影响　谁能质疑现代社会媒体诸多功能的重要性?由于媒体被赋予极大权力,当今社会无论左派右派,北方南方,强势弱势,年轻年长等各阶层的人都认为媒体应为当今社会各种病态负责。

一条无可争议的原则是:媒体能产生效果。

不论怎样,现在欧洲,媒体仍被认为握有极大权力。很多人都认为如果一条消息刊登出来,就像子弹射向靶子一样,会产生某种效果。

但是有一件事被忽略了,即使在美国,一条消息的存在,一定要有两个人,一个是发送者,一个是接受者。现在,已经有大量的例子可以证明,任何一个媒体的消费者都不会被动接受消息的。他(她)总会根据自己的经历、环境、需求来解释信息。他(她)不是媒体的牺牲者,而是一个使用者。结果,媒体的主要影响是略而不说,即:他们不说的比说的还要有影响力。

媒体,毫无疑问,在提供信息,选择报道事件,选择报道人物哪些方面有报道价值等方面确实有重要的影响。有时,发表一条新闻甚至会在公民反应之前就引发政府的反应。毫无疑问,媒体决定着社会的议事日程。就像人们常说的那句话那样,媒体不能指令人们想什么,却可以指令人们想到什么。

人们形成自己的意见,反过来,大多数人的意见也能够主导媒体的态度(商业行为中尤其如此)。

对依靠媒体使用者的新闻行业来说,这应该是一种激励,激励媒体有职业道德,有稳定的质量和提供良好的服务。

第二节 人类价值观

权利和责任是不可分离的。但是,人类倾向于提及权利时,根本不提及与之相伴的责任,当今尤其如此,西方尤其如此。

媒体职业道德规范主要关注的是责任。它的定位是自由与责任结伴而行。如同任何一种宗教或哲学一样,它完善了一些规则,这些规则对个人自由和我们每个人所规定的义务做了很多方面的限制。这些规则源于道德原则的母体。

人们接受这些规则是因为它们与他（或她）所遵守的人类看法和观念相吻合，与他们的社会观念及他们的社会地位相吻合，而他们的社会观念与社会地位又取决于他们个人的经历和知识。

基本价值观 如果有一个价值观全体人类都赞同的话（少数极端分子除外），这个价值观就是关注人类的生存，关注这个星球的命运。无论我们的意识形态如何，无论我们有没有宗教信仰，这种关注将改变我们所有人。人类现在面临着前所未有的威胁。人类已经发现了敌人，这个敌人就是人类自己。所有人都要感觉到这方面的责任。

幸运的是，大多数人共同拥有某些价值观，而社会道德就建立在这些价值观上：尊重人类生活，关注任何人不受不必要的侵扰，促进正义公正和人权，改善他人的命运，增进民主的发展。

我们现在谈论的普遍价值观是十九世纪或更早如文艺复兴时期就开始的全球化的结果。但是，迄今，仍有一些传统文化的确对这类价值观不予接受，例如妇女平等、对异族文化的容忍、私有观念、普选权等。

另一方面，有些文化也不能忍受西方世界纷乱社会里的各种极端自私自利主张。

此外，各种文化有各自特点，而且每种文化有十分明显的独立性，其发展状态与经济发展并不同步，例如,女性裸体出现在美国是没事儿的,出现在欧洲海边胜地或广告出版物里,也是正常现象,然而,在沙特阿拉伯却不行。

犹太人和希腊人的遗产 大多数工业化民主国家的意识形态,其起源可追溯到基督教,基督教的根来自犹太人和希腊人。简言之,上帝造人,人带原罪,人的崇高与堕落并存,权利与责任并存。

两种传统在西方文明里共存:天主教与新教,拉丁人与英美人,北欧人与南欧人。前者倾向专制,强调团结和社会稳定。后者崇尚自由,强调个体和开拓进取。现代民主与工业文明诞生自后者。它的许多价值观传遍全球:所有的人生来平等,相信社会进步,尊重法律,尊重约束社会的契约。

为规范人们行为,许多世纪以来,大量道德准则制定出来。例如亚里士多德指出面临两种极端的选择时,取中庸之道。康德认为,每个人内心深处都存在着道德感,都会去做自己认为是正确的事情。功利主义者的代表人物约翰·斯图亚特·米尔认为,人们总是应该为最大多数的人寻求最大的善。

民主政治 现在,大多数人似乎深信,公民应该把他们的意愿强加给政府,而不是相反。民主,有些人声称是基督教的本质,甚至是新教的本质,看起来很可能与传统的伊斯兰教不兼容,也可能与佛教、儒教、印度教或部落制度不兼容。为保证社会稳定，对族群的绝对忠诚，对印度种姓制度的尊重，或对祖宗、长者、部族首领的忠诚，所有这些价值观似乎都与民主背道而驰。

实际上，印度是世界上最大的民主国家，日本是世界上两个实力最强的国家之一。当你走到近处观察时，你发现，例如孔子持两种基本价值观念：对他人和公平的关注。因此，儒教不仅以尊重秩序和等级制度为基础，而且还以对社会的热爱、合作和礼貌谦恭为基础。

第三节　表达的自由

作为一种理想，世界上所有的国家都声称自己的每一个公民应该享有"人权"。实际上，如果他（或者她）没有这些人权中的一种名为"知情权"的权利，那么作为个体的每一个人也就什么人权也没有。所有的权利必须经过努力去赢得，然后不懈地加以保护。人们若不事先知情，也就无法进行这场战斗。

新闻自由　媒体从业人员无论其他的职能是什么，其首要任务就是自由地沟通，以便人民了解自己周围的世界。这种自由是为数很少能被称为绝对需要的维持人类生存的几种人权之一。没有沟通，就没有人类社会，也不会有人类的生存进化。

当一种专制政体被建立起来，无论是神权的、皇权的、帝王的、军权的、殖民的或资产阶级的，它总是要镇压言论自由和新闻自由。所以,这种自由已经成了民主的一种标志。值得强调的是,不存在没有限制的自由,也不存在没有自由的责任。媒体从业人员既需要享有免于国家干涉的自由,也需要享有免于投资人的干涉的自由。他(或她)也需要"经济自由",没有体面的收入,新闻记者本人抵御腐败也是很困难的。

积极的自由 1948年联合国的《世界人权宣言》第十九条的内容是:"人人有权享有主张和发表意见的自由;此项权利包括持有主张而不受干涉的自由,和通过任何媒体和不论国界寻求、接受和传递信息和思想的自由。"

19世纪后期科技和电子学已经使得媒体快速发展,同时也引发了观念改变。很多年来,"新闻自由"被认为是每一个公民的权利。政治审查制度结束后,新闻自由也的确存在过。那时,创办一份期刊,费用也不大。可是,随着成本增大,那种自由的状况就走向反面:在好几份出售的报纸中,公民不买那些不能满足他(或她)的需要,或者以他(或她)不喜欢的角度反映现实的报纸。至少从1945年以来,很多城市里,报纸的总数曾经减少到只剩一种报纸。

现在,创办一种日报需要数百万美元。结果,"新闻自由"就不再是公民的一种权利,而成为富豪和政府的特权。这就是为什么一种新的观念出现了。

这种情况首先在盎格鲁－撒克逊和斯堪的纳维亚民主国家里出现。在那里，人们发现在国家价值观、主要政党轮流执政，以及就新闻媒体而言，自由传统和活泼有进取心等方面，人们可以达成一致。换句话说，在那些国家里，反对派、政治团体或新闻从业人员等很好地融会在政治生活中。

第四节 交流的权利

言论自由和新闻自由不能仅仅停留在某种不受禁止的水平上，因为，这只是使少数人受惠。这种自由需要转变成所有人交流的权利。美国法学教授杰梅·巴龙曾指出：美国宪法第一修正案中包含的对政府所有新闻检查予以禁止的规定就暗含着所有公民享有交流的权利。如果一个人不能使别人听到自己的声音，那么享有表达的自由又有什么用呢？可是，颁布法律强制开放媒体，这是不可想像的。而媒体职业道德规范却是做到这一点的一条很好的途径。

信息交流是人类的一种最基本的需要，由此也就产生了"交流权"：不同的个人、团体、民族通过各种渠道交换任何信息的权利。社会有责任为这种交流提供手段。假如没有学校，受教育的权利也就可有可无了，或者假如没有选举活动，投票权也可有可无。

为什么？ 有四个主要原因：

其一，技术近些年的发展，尤其是互联网的发展，使便捷、成本低廉的全球交流成为可能。人类正远离大众传媒短缺时代，那种时代里，交流渠道的短缺，投资成本等因素强迫我们接受单向交流，接受传递信息的高度垄断，以及在电子领域接受国家的严密控制。现在我们进入了网络世界。

其二，社会因素。现在，普通人拥有的受教育机会、金钱和时间超过了以前任何时候。发达国家，对大多数人而言，科技和福利计划正在驱散人们心头对贫困和早死的担忧。但人们在"孤独人群"中的那种不稳定感觉，那种面对私有和公有官僚主义的无能为力的感觉，那种在社会里需要被融合，需要参与其中，以掌握自己生活的感觉，也超过了以前任何时候。少数民族、妇女、消费者以及环境保护主义者开展的斗争就是这类情况的明显例证。此外，人们对世界其他地方依赖的感觉也是以前从来没有过的。凡此种种原因，人们觉得需要主动告知别人和被别人所告知。

其三，新的知情观念。即，认为信息是一种极其重要的、非常珍贵的自然资源，和平和繁荣都依赖它。建立在信息自由充分传递基础之上的知情意味着个性充分发挥，经济发展，各种社会问题的解决。

其四，是深驻内心的那种团结一致的感觉。尽管有巨大的文化差异和经济发展的不平衡，这种感觉也在一点一点地传遍全球。商品交换的大量增加，文化信息交流的大量增加,似乎是避免经济、生态或核武器灾难的一种方法。

不充分的交流　社会交流分不同层面和不同方向。国际交流层面上,强国或实力强大的商业公司(如法国国际广播电台,或好莱坞制片厂)向弱国传播。弱国向强国传播,或者向另一个弱国传播。社会内部交流有从上至下的垂直交流,如(通过某一国家电台)从政府到人民,或者通过公司到普通民众(如通过某份全国性日报)。也有从下至上的交流,如民意测验或全民公决。也可以是横向的,从一个团体到另一个团体,如当地有线电视系统的公共频道等。

在三种交流方向中,即从弱国向强国、从民众到政府和社会内部不同团体间的交流,似乎交流的权利被使用得并不多,应该更多一些。媒体职业道德规范的一个目的就是要拆掉这种障碍,实现交流。

有一种情况属于例外,即在拒绝交流时,阻碍交流是完全可以容忍的。在个人交流层面上,如果某人不买某份报纸而打开收音机,这是可以理解的。但是,有些人要求不受广告袭扰的权利,就的确有点儿奇怪了。在国际交流层面上,有些国家(如美国)对其他国家为了保护自己的文化而限制进口外国音像制品的做法感到不快。实际上,人们在世界任何地方都听到要求保持平衡的双向交流,只有美国例外,当然,这是它在媒体市场上享有霸权使然。

第五节　媒体价值观

讨论媒体职业道德规范意味着谈论新闻记者的各项职责。这些职责意味着新闻从业人员拥有各种权利，不仅有作为人的权利，而且也有作为从事某项特殊工作的从业人员的权利。法律对他们的这些权利经常予以保护，有些道德规范也涉及这些权利，如享有体面工资的权利、知晓编辑方针和管理层主要变更前提意见的权利、拒绝接受违背职业道德规范或个人信仰的工作指派的权利、接近信息源的权利等等。作为公众的代理人，记者能去普通公民不能去的地方，能做公众不能做的事。他们享有特权，但是，他们必须负责任。

人类责任　从适用于媒体角度而言，新闻记者的责任首先应包括人类的任何一种责任。这些责任应该与所有人似乎感觉到的本能的需要一致。即使是儿童，也希望有自我表达的自由，希望成年人说真话和负责任。摩西十诫中，至少有六诫适用于社会交流，即：第二条，不崇拜偶像，不发伪誓，不亵渎；第五条，尊敬长者，尊敬传统；第六条，不使用暴力；第七条，不色情；第八条，不腐败；第九条，不说谎；第十条，和其他记者精诚团结。法国天主教的一份日报曾经用五个词对福音书里的基本价值观作了概括：自由、尊严、公正、和平、爱。这五个基本价值观可以作为立柱，所有关于新闻记者职业道德规范的条款可以缠绕在柱子上。

西方的遗产 新闻业诞生于文艺复兴和法国大革命之间的欧洲大陆,浸透着宗教改革的价值观,尤其是个人主义、个人责任、职业工作的价值,严格的道德观念,也浸透着十八世纪欧洲启蒙运动的理性和自由价值观,稍后,又渗入了"自由放任"的观念,以及功利主义和"社会达尔文主义"的观念。

大众传媒出现于二十世纪初,此前的那些伟大思想家从来没有接触过这行业,不过,十八世纪知道新闻业的先贤们却很尊重新闻业。近来,编写职业道德规范的那些作者们关心的是实践,而对哲学不闻不问,因而很少费神去解读深奥思想家的著作。

自十八世纪以来,随着科学技术的进步,职业化观念也得到了发展。人的声望和权力不再像以前那样来自于家族的血统或土地的拥有,而是来自于个人的竞争力和社会活动能力。随后,自十九世纪末起,为了从国家那里得到独立地位的承认,以及为了他们的价值得到公众的认可,新闻从业人员创立了协会,建立了自己的从业规则。开办了培养记者的专门学校,制定了相关的法律法规。

普遍价值观 媒体价值观在地球上的所有民主国家里基本上是相同的。媒体职业道德规范是建立在普遍价值观基础之上的,诸如反对仇恨,反对暴力,反对侵犯人权(法西斯主义)、反对各种类型的种族主义。各种媒体职业道德规范与大多数意识形态,如犹太教、佛教、儒教、基督教(天主教和新教)、温和伊斯兰教、人道主义、社会民主主义和谐相融,但是,媒体职业道德规范并不赞成极端主义、极权主义和原教旨主义。

当然,价值观的分级体系因文化不同而有所区别,如一项比较美国新闻从业者和中国新闻从业者的大学研究结果显示,两组人群认为传播的新闻应该准确和完整。但是,前者将主动性和刨根问底的特点放在记者美德的首位,而后者将谦虚和忠诚放在首位。

根据丹尼·艾略特的解释,构成一种职业的价值观是其从业者中绝大部分人共同拥有的价值观,即使并没有形成文字的东西。就记者而言,是发表完整的、准确的、不偏不倚的新闻报道,向公民传递他们所需要的信息,在这样做时不对任何人造成伤害。此外,记者还要设身处地体会自己文章受众的感觉,对正在显现的短期和长期的诸种可能的影响要有所预见。一般说来,记者的价值观很明显与媒体的诸种功能有关联。因此,记者清楚地知道这些功能是很有必要的。

医疗价值观 1994年,英国十几个行业协会聚集一堂,值此机会,医疗行业协会重申了其价值观。这些价值观虽然古老,但在二十一世纪,仍然有效。引人注目的是,这些价值观也适合媒体行业:承担义务,富于同情心,廉正诚实,医术精湛,有探索精神,值得信赖,尽职尽责,积极工作。医生们尤为担心患者对医生信任度的下降,担心患者提出抱怨,对玩忽职守提起诉讼。他们认为整个医疗行业应该为自己成员的行为负责,应该有自律规则。他们欢迎患者参与评定。他们断定医疗行业必须积极参与社会的改良。

3 职业道德规范的类型与内容

大多数非专制国家现在至少有一部新闻职业道德规范,从挪威到南非,从日本到土耳其,从加拿大到智利都这样。这种规范有各种各样的叫法,如荣誉准则、行为准则、操守准则、(拉丁语系的国家里叫)职业伦理道德规范,也有的叫记者操行准则、记者章程、原则宣言、记者责任和权利宣言等等。

职业道德规范 当媒体职业道德规范被人们接受时,通常情况下,在此之前,已有与媒体相关的法律存在。不过,起草者们仍然觉得职业道德规范非常不充实和非常危险。这是因为他们起草的内容,并不是某种神圣文本。起草者们希望每位记者发誓绝对忠诚于职业道德规范,可是,只有当新闻记者心中有道德感时,职业道德规范才会发挥作用。

在每一个行业,有些事"可以做",有些事"不可以做"。传统上说,人们知道在工作中哪些事可以做,哪些事不可以做,也知道违反者会有被开除的危险。但是,某种传统要存在下去,就需要在当地或全国展开讨论,予以澄清,补充更新,形成结构,最后落实到文字。否则,传统就仍然极其模糊,有时可作多种解释,甚至备受争议。此外,对应于各国的传统,很多媒体机构内部也有编辑原则,这些原则通过口头的,或公开发表的方式,传递给公众或广告商。

职业道德规范　　在每一个行业里(例如房地产业、制药业),职业道德规范的目的是消除欺诈和诈骗。职业道德规范让公众了解某一行业,知道其行为准则,以此增加公众的信任,确保客户的忠诚。就媒体而言,是确保广告商的忠诚,这是媒体财富的源泉。

职业道德规范保护客户,反过来说,也使团体内部更加团结,并维护行业的荣誉,从而增加其影响力。接受职业道德规范人并不总是有意向或有可能遵守这些规则,而是表明他们认为这是必须遵守的原则。他们为自己提出了一种理想,通过明确全行业一致认同的价值观和原则,努力强化道德意识。这样的职业道德规范能提供安全感和凝聚力。

此外,职业道德规范的目的也在于避免国家干涉。一旦媒体被国家干涉,这种干涉可能是致命的。当媒体导致公众不信任它们时,立法者就会起草,有时通过强制性法令。只要这种危险一露头,行业内部的自我改革就会开始,首先要做的工作就是起草一部职业道德规范。

章程,尤其是包含有记者各项权利的章程,对限制管理层的行为,很有用。这就是为什么在法国很多媒体拥有者拒绝承认这种章程的原因。有了这样的章程,媒体专业人员会得到保护,可以抵制资方要求他们从事与公众利益相违背的事:他们可以申辩说,做这种事将遭到同行的唾弃。

谁来起草职业道德规范? 政府发布的"职业道德规范"不在此讨论,它们只不过是行政命令。真正的职业道德规范,有些是全国性的,被某个或某几个行业协会接受(如加纳的资方和记者)。有些是国际性的,如国际新闻工作者联合会的职业道德规范。还有的是由媒体业主联合会颁布的(如法国省级日报业主联合会颁布的"良好行为章程"),或是由工会(如瑞士和英国)或新闻从业人员协会(如美国的职业记者协会)颁布的。有些职业道德规范只针对一种媒体,如印刷媒体或广播,有的专门针对出版物,如日内瓦的瑞士日报,还有的是针对广播网,如日本的NHK。

职业道德规范通常应由专业人员自己来构思和撰写。这就是为什么一些专业人员拒绝老板为其雇员编写的规定,如法国日报《北方之光》的"编辑章程",或者如美联社的"体例样本",这种章程中有雇员须知(从上班准时到标点符号)以及道德规定等内容。

当专业人员坐下来编写职业道德规范时,他们最好邀请一些业外专家,这些专家能观察分析媒体内容和行为。他们也要邀请媒体的使用者,毕竟,新闻自由是属于这些人的。这样编写出来的职业道德规范可以被全行业所有人接受,也可以为全社会接受。

简要历史 职业道德规范蓬勃兴起于二十世纪初,当时社会进步运动揭露了资本主义弱肉强食法则的罪恶,特别是弱肉强食法则在新闻界造成的罪恶。接着,记者就形成了一种有自主意识的独立阶层。

1896年,波兰记者在加里西亚为自己规定了一系列责任并建立了荣誉法庭。1910年,美国堪萨斯州的一个新闻协会通过了一部适用于出版者和编辑的道德规范。第一部全国性的职业道德规范出现在法国,这就是1918年法国记者工会通过的"责任章程"。第一部国际性职业道德规范,出自于1926年的美洲报业协会,随后,1939年,国际记者联合会发表了它的"媒体职业行为准则"。

第二次世界大战后,道德规范出现在世界各地。联合国诞生之初,就抓住了这个问题。她计划颁布的道德规范,于1950年发给约五百个与新闻业相关的协会,请它们评价,但是,却最终没有被通过,主要原因是行业组织有理由拒绝政府干涉媒体事务。

后来一波媒体职业道德规范浪潮兴起于二十世纪七十年代,这是由于当时联合国教科文组织、欧洲理事会、国际新闻工作者联合会、国际新闻学会的推动。第四波这样的浪潮兴起于1991年海湾战争的新闻报道以及其他当代的一些丑闻的披露。

第一节 条款的种类

可以预料，给"媒体的恶劣行为"精确定义是件依赖不同民族文化、经济发展状况和其政治体制的工作。穆斯林国家和印度教国家，不可能有同样的定义。不过，在大多数媒体职业道德规范里，可以看到相同的基本准则。

在媒体专业人员、学者、消费者保护团体，关于媒体应该做什么和不应该做什么，并没有深刻的分歧。当然，如果仅从职业道德规范的字数长度来看，数量众多的职业道德各不相同，例如法国全国记者工会的章程只有半页纸，而美国肯塔基州路易丝维尔的《邮政日报》的职业道德规范有65页。

综合性媒体职业道德规范

基本价值观

——尊重生命

——增进人类团结

基本禁律

——不说谎

——不侵吞别人的财产

> —不伤害任何无辜者
>
> **新闻从业人员的原则**
> —有能力(自信,能承认错误)
> —独立于政治、经济、学术的压力
> —不做任何有损于媒体信誉的事情
> —对报道内容有广泛而深刻的了解(不模棱两可,不猎奇,不肤浅)
> —进行完整、准确、公正、可理解的新闻报道
> —为所有群体服务(无论贫富、长幼、保守派或自由派等)
> —捍卫和促进人权和民主
> —为推动社会进步而工作

为了从整体上清楚地了解媒体职业道德规范,需要作某种分类整理。为了随后的分析,我将收集而来的众多的国际、国内和机构内部的行为准则分成七类。为避免重复,除少数例外,每一条款只引用一次,因此,为每一类别引用的条款,应该仅仅被看作是例子。

1. 根据准则的性质分类

理想的准则 应确定职业目标,虽然明显达不到,但努力去争取达到:总是很熟悉自己报道的主题;将自己的观点置于所作报道之外;总是给出几种不同观点;不懈地为人权而奋斗。

一般性准则 有些条款适用于每个公民，没有例外(或少有例外)。有些已经正式写入法律，或宗教戒律里，如不说谎，不偷盗，不伤及无辜。还有一些条款是专门针对记者的，如不编造假新闻，不索要财物好处或礼品，不给人有违职业道德规范的印象。

例外的准则 有时，只要目的正当，可以不择手段。为了维护公众利益，尤其是当新闻报道揭露严重反社会的行为或危及公众健康的行为时，媒体可以不理会某些行为准则的约束。这样的行为准则有：记者不应向消息提供者隐瞒自己的身份，不应秘密地（例如借助隐形照相机）获取信息，不应诱使他人违法，不应侵犯他人的隐私。

有争议的准则 就职业道德而言，记者们有不同的回答是很自然的，尤其在某些问题上。例如像美国那样，媒体对政府的一切都要发问吗？或者像英国、瑞典那样，主编应该对其记者的行为负责吗？或者像法国那样，记者永远不应把自己的责任推卸到自己的上级头上吗？或像日本那样，记者是永远不应表达自己的观点呢，还是像埃及那样，记者有资格表达自己的观点——这是一个让法国和美国吵来吵去的老话题。

其他应该一提的有争议的观点还有，例如在西班牙，不暴露自己的消息来源是正常的，那里的政治家们喜欢发表一些不得引用的非正式声明；反之，在美国，不表明消息来源刚好被认为是一种错误。记者可否让自己消息提供者事先看一下自己的报道？回答是不同的，如在任何情况下都不可以，或如果只是核对事实则可以考虑。任何情况下，只要获得同意，都应该让读者、听众或观众知道。在瑞典，人们同意除非在可能对公众构成威胁的情况下，否则不应该提及性犯罪。相反在美国，很多人都想对此解禁，他们认为这种禁令伤害了受害者。

2. 根据准则的范围分类

不同媒体的具体准则 大多数道德规范是针对印刷新闻行业的。其实应该像日本那样，所有媒体，像日报、公共广播、商业广播、杂志、唱片业及书籍出版业，都最好有各自的道德规范。除了美国外，很少有针对广播的具体道德规范。似乎可以这样解释，即虽然二十世纪八十年代解除了对媒体的管制，这类媒体比印刷新闻媒体仍然更多地受到法律的控制。

拥有庞大装备器材的广播和电视记者们，应尽可能谨慎地介入报道，不使自己的报道的事件（如游行、审判）失真。记者的报道有时无意间会激化示威甚至导致暴力。当可能引起观众不适的画面播出时，以及使用资料镜头或事件再现时，应事先向观众显示警告提示。若报道中出现的面部画面或声音可能导致个人身份暴露从而使他遭受伤害，应做技术处理予以遮掩。

专门新闻的准则 某些种类的新闻记者要遵守他们自己的特殊的准则,如金融记者、调研记者、天主教记者、体育记者或新闻摄影记者。一般来说,上述记者道德规范是在普通道德规范基础上的延伸和具体化。

然而,记者们经常报道的三个方面的新闻已经引起特别注意,那就是恐怖主义、犯罪和法庭审判。有些大新闻机构就城市暴乱方面的报道应该采取的态度已经制定了一些规定,如慎重,冷处理,对未经证实的传闻要格外仔细小心。避免现场直播,绝对不妨碍警察的行动。

在"犯罪新闻"的报道中,如与案件无关则不报道被告的各种特征(如种族、宗教、职业等)。记者不应暴露未成年被告的名字,不提及以往的犯罪记录,特别是违法行为已经得到赦免时,更不应该提及——况且,已服刑的罪犯是享有豁免权的。除非有特殊理由,不应提及被告的亲戚和朋友的名字。不应该透露受害人或意外卷入案件的人,以免使其受到伤害,例如,被捕罪犯的同伙可能由此找到他们。记者要经常提醒读者、听众或观众,在法官和陪审团没有认定有罪之前,任何人都不是罪犯。

每个公民都有在法庭不受新闻舆论影响的条件下受到公平审判的权利。严格的英国法律禁止报道法庭审判过程。不过,在很多国家里这种规定是放在道德条款里的。记者必须解释法律条款,不发表任何可能影响法庭判决的报道。

某些国家的特殊准则 这些准则取决于一个国家的环境,其传统文化、经济发展或媒体系统。斯堪的纳维亚国家的准则多与人权挂钩,如除非符合公众利益,媒体不得发表没有标明人物姓名的照片,不应谈论自杀行为,在法庭还没有最后宣判之前不得披露被告的名字等。在信奉清教的英语国家里,对与性有关的报道有着严格的规定。

在日本,儒教传统强调社会的和谐、个人对团体的忠诚、尊重等级及尊敬长者,其新闻业远不如美国那样盛气凌人和标新立异。

在穆斯林国家里,伦理道德与宗教紧密相关。在那里,一些杰出人士受过西方现代化的影响,但国家体制很多还是专制体制,当权者们对新闻自由仍有敌视态度。因此,这里讨论的职业道德与其无关。即便那里有所谓的道德规范,那也是官方的。

不同国家间在道德规范上的差别不应扩大化。很多差别只是程度上的不同,或是细节的不同。这些差别不应该成为记者们追求订立一个媒体职业道德国际公约的障碍,因为这种公约能够帮助记者捍卫他们的权利。

第三世界的准则 世界上有些地区正面临一些在工业化民主国家已经不存在的问题,那里的媒体职业道德规范通常是政府规定的一部分。新闻记者应该尊重国家和国家机关,不能攻击政府部门,不能危害国家安全,例如新闻报道不应引起武装力量的不满。

这些规范要求媒体增强民族感,不要煽动民族和宗教间冲突,与宗教狂热和部落体制作斗争。

媒体应为发展动员力量,积极地为国家利益和发展目标服务,为大众教育、社会公平和经济进步服务。文化必须去殖民化,媒体不受外国资本控制。记者也不应接受外国资本的任何补贴。

这些观点均是第三世界国家媒体道德规范的内容。

3. 根据专业人员的类型分类

很多准则同时涉及新闻记者和媒体资方双方。编辑既是记者,又是管理人员。在一些小型媒体里,资方自己可能就是主要记者。在有些国家(如瑞典),记者和媒体资方这两类人员要共同签署他们的道德规范。例如,规范要求双方都不得因个人原因(志向、宿怨)、意识形态或财务状况而歪曲新闻的真实性。

有关资方(和其代理机构)的准则　道德规范里很少提及"媒体"的义务。这至少由两个原因造成,其一是法律常常对资方有规定。其二,许多道德规范是由各类记者协会仅为其成员起草的。不同国家里,资方对职业道德规范的重视程度也不一样。在美国很弱,在北欧则很强。一个很有效的做法是树立一个榜样,然后号召雇员学习这个榜样。资方首先要为记者提供让他们能够维持尊严和忠诚的薪资保障。在印度、俄罗斯及拉美国家，很多记者靠工资是不能维持生活的。还有，资方不能指派记者做有损职业荣誉或让雇员去做得不到足够补偿的危险工作。

有关记者的准则 在很多职业道德规范里都规定新闻记者应该保持中立，特别是，新闻记者不应参与示威或在请愿书上签名。记者们首要的是要保持完全诚实，拒绝接受任何精神上或物质上的好处、礼品、回扣、免费旅行、赠券、兼职工作（发表演讲、主持会议）等，以避免利益上的冲突。记者不应接受由非媒体机构以颁奖形式给予的金钱。更一般地说，记者不能利用自己的身份谋取个人私利。还有一些道德规范规定得更具体，如新闻记者不得出卖他的笔，不得从事敲诈勒索行为。在二十世纪九十年代的俄罗斯，商人或政客付费换取采访的事十分常见。

财经记者的情况很特殊。他们不应在消息发布前从他掌握的信息中获取任何个人好处。也不可以利用其文章来影响股市涨落，从中非法获利。很多媒体要求财经记者向管理部门公布个人的投资情况。

专业人士甚至不能给人一种可以贿赂的印象。令人遗憾的是，二十世纪末，一位在法国相当于全国制造商协会组织的前主席曾说"记者，请他们吃饭，给他们送钱，就能把他们搞定"。

4. 根据责任的种类分类

人不仅要有责任感,而且要对他人负责。媒体专业人员首先要对自己负责,不能背叛自己的信念,要拒绝任何有悖职业道德的工作。媒体专业人员还要对雇主负责。新闻记者必须尊重法律,不公开发表本公司内部情况,不以任何其他方式损害公司名誉。未经允许,不为其他雇主(尤其是竞争对手)工作,不在开支账单或个人履历上弄虚作假。

记者还要对以下四个主要方面负责。

对记者同行负责 新闻记者不应以任何方式玷污这个职业。他们必须为新闻记者的权利而战斗,反对新闻检查,争取获得接触公共和个人信息的权利。他们必须与同行礼貌相处,不因个人私利伤害同行,不接受低于他们同行合理工资的工作,以及不窃取别人的创意、数据或产品。当同行遇到困难时必须给予帮助,尤其是外国同行。1991年法国军队参加了沙漠风暴行动,可是法国的法新社却被由美国媒体组成的组织拒之门外,后来,法新社为此提出诉讼,美国一家法庭却驳回了法国媒体的控告。

对消息来源负责 新闻记者应遵守发布新闻方面的禁令,用词要准确(尤其发表引用的内容时),引用内容不能断章取义,或将长篇声明简单概括以歪曲原意。在获取消息时如果有条件限制只作背景资料，或承诺不暴露消息来源的情况下，那就不应将其公开发表，除非公众利益需要才能另当别论。记者应该随时保持敏锐的警觉，使自己不被别人操纵或误导，对受到惊吓或心智不健全的目击者的言论要谨慎处理。

对新闻当事人负责　如果某人受到指控或批评，必须给这个人申诉的机会。记者不应提及与报道无关的某人的任何特征，如性别、名字、国籍、宗教、社会等级、语言、政治倾向、职业、地址、性爱好、心理或生理障碍。甚至更不应该用这些特征来损害新闻当事人的名誉。不使用侮辱性或暗讽性词句。总之，如果不涉及公众利益，就不能以任何可能在生理、精神、智力、文化或经济等方面对某个人或某个集体造成伤害的方式去行使知情权。例如，发表重大事故或犯罪事件的照片就会伤害到受害者的亲属和朋友。

对媒体用户负责　在任何情况下，媒体专业人员都不应该给消费者造成损失或伤害，无论是用"打擦边球"的方法泄露视听信息，还是发表能引起人们无谓恐惧或希望的诸如关于医疗或药物发明方面的哗众取宠的报告。

媒体还应对自己所在的社区负责，不应冒犯公众道德意识，必须明了所有人群的需要并为之服务。另外，媒体还应对社会整体负责。仅仅遵守法律是不够的，媒体必须关心公共利益，而不是仅仅满足其好奇心。不发表任何有损家庭和谐的内容，不宣扬弱肉强食的行为，与不公正做斗争，代表弱势群体说话，增进人与人之间的合作，不做没有根据的、会引起人们恐慌的推测，不提倡道德败坏、下流或粗俗，不鼓励诸如贪婪或暴力之类的低级本性，不赞美战争、暴力或犯罪。

5. 根据工作阶段分类

信息获取阶段　显而易见，第一个原则是不能杜撰信息。如果不是符合公众利益和别无他法，也不得使用以下不诚实方式获取新闻信息及照片，如隐匿自己的身份、侵犯私人私产、暗设照相机和麦克风、秘密录音他人谈话内容、偷窃文件等。此外，新闻记者在报道中应该提供事实真相。

1977年，《芝加哥太阳时报》在装备了录音设备后发表了25篇报道，揭露市政服务部门的腐败行为，由此引起了一次大规模清除腐败的运动，然而，这些报道并没有获得普利策奖，理由是有些评委认为报道过程有设置圈套，鼓励违法的行为。

不能通过购买的方式从目击者或犯人那里获取信息，也不得使用诸如说谎、折磨、威胁、胁迫等强制方式获取信息。有些职业道德规范规定，不应就涉及儿童本身的事项采访儿童。人的隐私不得受到侵犯，尤其是弱势人群或当他们遭受不幸时更是这样。有些人不习惯与媒体打交道，媒体不应滥用这些人的天真幼稚，也不应予以嘲笑。应事先告知受采访者，谈话内容可能被引用，但不要事先告知采访中要提出的问题。

信息筛选阶段 在街头巷尾对路人所做的匆忙采访，以及一些类似的没有价值的文件都不应该发表。选用信息时要剔除传言、各类未经核实的消息及报道。不能把假设报道成已经经过证实的事实。有些消息，即使是真实的，如果对社会没有价值，而且还会伤害所涉及的人，也不要报道。

报道中不要因为懈怠或怯懦（如消息来自非正式渠道，或大媒体还未提及），或因为内部（如来自营业部门）或外部（如广告商或消息来源）的直接或间接压力而遗漏任何事实真相或文字上的信息。

应该根据信息的重要程度，以及对公众有益程度来选择新闻，而不是去迎合某些文化程度不高的民众的猎奇心、寻求刺激取乐的欲望，以及窥视别人隐私的癖好。新闻版面不应过度浪费在性、犯罪或败坏民众道德的刺激性内容上。

信息处理和发布阶段 应该明确区分广告和编辑内容，新闻与评论不应混淆，提供的消息不应扭曲失真。为了保证新闻报道的完整性和易读性，应提供事件的前因后果并伴有分析和评论。观点应建立在正确的事实基础之上，且准确鲜明。对有争论的问题，应给出各种观点。版面或节目应该集中在重要内容方面。

数据应该经过仔细核对，因为事后更正不可能弥补发表错误信息所造成的伤害。如果不能提供消息来源，那么要给出原因。大标题与副标题应与报道内容相符，要能概括其内容。编辑读者来信时，不能改变读者的本意，删节的地方要标明出来。照片有时可能会导致错误的解读，所以应该谨慎小心避免发生这种情况。在处理照片、录音带或录像带过程中不能造成事实失真。

不应该不适当地抬高消息的重要性，用过分的言辞或触目惊心的照片去造成轰动效应，尤其在涉及暴力事件报道时更应如此。应该避免使用毫无益处的、耸人听闻的描述，尤其在报道可能伤害儿童心理的死刑执行、意外事故或残忍行为时，更应注意这一点。

信息发表后阶段 在法国和拉丁语国家中，法律给予答辩权。在英语国家里，这样一种职责却引起争议，不过美国的职业道德规范建议编辑们自愿提供这种可能性。还有，媒体应该尽快地、明确地承认自己的错误。如果有人投诉，媒体应尽快启动调查，如果找到原因，应该发表更正和道歉。

第一次海湾战争期间，美军消息来源给出的大部分数字都不准确，例如报道说在战争爆发前伊拉克有军队五十四万七千人，战后这个数字变成了十八万三千人。爱国者导弹并没有摧毁所说的几乎所有飞毛腿导弹，仅仅击中其中十分之一。我们知道这是常见的战争舆论宣传，可事后没有什么报纸或电视台承认事实来求得我们的谅解。

第二节 娱乐媒体的职业道德

由于大多数使用者都希望媒体能首先向他们提供娱乐，因此，民众针对媒体的大量不满和批评集中在娱乐节目上也就是正常的。媒体一直被指责为充当亢奋性或麻醉性毒品的角色，及操纵大众为权势阶层的利益服务。

新闻和娱乐 如前所述，两者间有必要加以区分，但这不是全部问题之所在。媒体的商业化已经导致了娱乐业造成的新闻腐败。的确，两者之间的重叠是不可避免的，例如许多新闻带有娱乐成分（像轰动的犯罪新闻或意外事故等），许多电影和电视连续剧又为我们提供了知识。

这两种媒体的职业道德规范不可能是一样的。例如，在历史剧中出现各种不准确细节、编造对话、真实与虚构的人物、事件同时存在，以及鼓吹一项事业等都是可以接受的，但是，这些如果出现在今天的新闻报道里，那将是不可容忍的。实际上，道德规范中提到的一些不良行为就是源自于对（有用及重要的）新闻信息与（辛辣的、令人激动或悲伤的）娱乐节目的混淆。

至今还没有由娱乐专业人员制定的道德规范，这有点让人感到惊讶,连广告员和公关人员以及药剂师和建筑师都有各自的道德规范,原因何在?很可能是娱乐业涵盖太广的原因所致。普通媒体和特殊媒体的准则怎么可能一样呢(除了一些泛泛的条款外)?如一个大电视网与某个付费有线频道,一家全国性电台和一份色情月刊,怎么可能一样呢?尽管如此,娱乐业的雇主还是制定了一些规范,这些规范或多或少已被那些"艺术家们"接受。

娱乐业的职业道德与新闻业没有本质上的不同,同样也有一些禁止性条款,如针对种族主义、不必要的暴力等。这方面的舆论导向似乎有了长足的发展。在一些国家的法律中、在类似美国通讯委员会的法国机构强制规定的责任中以及在英国广播公司类似的惯例中都可以发现类似的禁止性条款。例如像操纵比赛、追求恐怖的轰动效应、诲淫诲盗以及怂恿酗酒等都是不可接受的。

然而,职业道德也是由周围文化环境的主流价值塑造出来的。你比较一下各种道德规范,就能发现其中的差别,尤其是一些国家对西方大众文化,主要是美国文化的反应。对沙特阿拉伯当局而言,几乎所有西方电视连续剧都是色情的,因为当地的电视镜头里最多不过展示妇女的手部而已。

美国的道德规范 美国的相关规定总是没有欧洲严厉。美国娱乐媒体起草的道德规范里所涉及的内容,在别的国家里由法律解决了,例如,商业广告所能占用的最多时间,禁止为酒类、药品或(如全美广播工作者协会道德规范中所提及的)烟花、占星术、赌博做广告,不做虚假承诺,不为自冠医师头衔的人作商业宣传。

下面概括了美国的几部道德规范,有些时间比较早,有些过时了。首先是著名的汉斯职业道德规范,该职业道德规范是在二十世纪三十年代至六十年代期间,由于受到天主教和保守的新教团体的压力由好莱坞被迫制定以约束自己的道德规范。这是少数几部精确严格而备受推崇的道德规范之一,因为它具有制裁效力,即如果一部电影没有获得美国电影协会(MPAA)核准,证明其符合道德规范标准,那么这部电影将很难发行。

其次是1929年由美国广播工作者协会(NAB)采纳的一套良好操守规范。该规范后来经常修订,1962年,美国法庭裁定它违犯反垄断法,后来在1990年被一个原则宣言取代。第三是美国哥伦比亚广播公司的内部道德规范。

好莱坞道德规范在一开始就声明,"电影……应该对精神和道德进步负责,对高标准的社会生活负责,对正确的思想负责",此外,它还解释说"正确的娱乐应提升全民族的整体标准"。它还强调电影作为第七种艺术形式,与其他艺术形式,尤其与图书和戏剧不同的是,电影面向人口中的各个群体:成年人和未成年人,城市人与农村人,文化程度高的人和文化程度低的人。

美国近期的广播道德规范 美国广播工作者协会的道德规范是以这样的前提开始的,广播电视要不断改革和鼓励创造性,处理重大的道德与社会问题。它不应只反映社会现状,而且还要反映社会变革的活力。因此,它应该播出题材广泛的节目,尤其是文化和教育节目。广播对儿童负有特殊的责任。

媒体娱乐应该有助于提升人类的尊严和友爱,提升人类生活的价值,有助于尊重人类的各项权利和各种情感。它还应支持文明社会的习俗,不准使用可能因为种族、宗教、国籍或残障等原因而引起不敬的言语。不应攻击和嘲笑宗教和教会,不应刺激人的低级本能,或者宣扬迷信,例如在节目或商业广告里鼓励占星术,以及算命测运等。虚构的故事不应作为真实事件宣传。

电视应该知道社会的需要和愿望,以便更好地为他们服务。电视专业人员应该牢记电视可以进家入户,它的观众包括家庭全体成员。它应该考虑儿童的需要(教育、文化、道德),要帮助他们形成健全人格。电视应尊重国家的制度,尊重婚姻及家庭。不应鼓励"瘾癖"(包括吸烟),不应展示以自杀作为最后解决方案。"如非情节需要",性行为的展示应该谨慎。

汉斯职业道德规范要求得更为严格。不允许出现有损庄重的服装、动作及拍摄角度。"裸体是绝不允许的,事实上裸体或是侧面轮廓都不允许",性变态甚至也不得间接提及。电视屏幕上不得播出任何淫秽、亵渎、下流内容。不真实的恐怖、暴力的细节描述、凶杀、虐待、肉体折磨（包括折磨动物）、各种能引起惊骇的超自然事件等都不得播出。不论在节目里，还是在商业广告里，都不得煽动对赌博的兴趣。不准以任何方式操纵各种比赛节目。不得嘲笑法律。不得赞扬贪婪、自私、粗暴。犯罪行为不能解释成能干、正当，或图利来报道。不应详细展示犯罪的各种技术行为，以免产生教唆作用。

对任何在美国看过电视或在别的地方看过美国电视节目（当今世界美国电视节目无处不在）的人而言，读这些规定时，内心感觉一定难以想像。当初确定的理想与当今超级商业化逐渐产生的现实之间的反差是如此之大。人们担心，同样的事情正发生在新闻行业中。它显示出讨论切实可行的媒体职业道德的紧迫感，这也是本书的主题。

第三节 道德规范的解释与执行

一旦一部道德规范被采纳之后，解释与执行是要解决的两个问题。其准则总是相对模糊和很少绝对的。如前所述，道德规范在两个层面上发挥功能，即在基本原则层面和日常生活层面。媒体的社会作用需要讲授、讨论和逐步完善。记者和编辑每天有成千上万大大小小的决定要尽快作出。没有任何一种道德规范能应对每一种可能出现的情况。专业人员常常必须依靠自己的常识，或是依靠通过思考而产生的"道德感"。

当美国新闻记者为是否应该发表强奸受害人姓名

争论不休时，一个简单的解决方法就是最好去问一下受害人的意见。可是，碰到下面的事情，处理起来就复杂得多。比如在赞美家乡与掩盖其缺点之间作出区分；在搭乘一辆当地某个体育运动队租来的汽车与接受体育器材制造商赞助的去巴哈马群岛吃一顿野餐之间作出区分；在支持建设一个需要的会议中心与讨好这幢建筑投资人之一的出版商之间作出区分；在尊重读者的长久习惯与鼓吹种族隔离之间作出区分。

所以，无论道德规范如何有效，仍然需要许多其他方面的完善，如对新闻记者的职业道德教育。必须唤起及增强年轻的新闻记者的道德良心，训练他们解决日常工作中遇到的各种问题的能力。他们需要实践经验去理解这些道德规范，去适应这些规范。道德规范能帮助在紧急情况下作出判断，因为这些规范是经过长时间讨论最后形成的集体智慧结晶。当然，出于同样的负责任的态度，一个人作出刚好与同事相反的决定，这种情形也是十分可能的。

例如，在美国的一个小镇，当一个在火灾中被毁容、经过长期治疗仍然容貌可怖的小女孩回来时，一份报纸发表了她的照片，另外一份报纸却没有这么做。有人认为对于小女孩重新回到社区而言，社区中的人们必须习惯她的容颜。另外的人则更倾向于不能让这样的照片使读者感到恐怖可怕。

因此，当新闻记者，更经常的是编辑，遇上这种事情时，应避免意识形态偏见，哪怕冒部分读者反对的风险,也要果断决定。

各种道德规范的文本可以从下列图书或网站上获得:

CFPJ 《新闻记者的权利和责任:主要文本内容》
  巴黎 CFPJ,1992

库珀·托马斯 W.《传播业道德规范和全球改变》,纽约 朗曼出版社 1989

吉耶·弗朗斯瓦斯 《国际新闻界职业道德规范》
  巴黎,FIJ 和联合国教科文组织 1975

国际新闻学院 《新闻委员会与新闻职业道德规范》
  苏黎世 IPI 第四版,1976

亚洲记者网
www.uow.edu.au/creats/journalism/AJNet.html

道德规范应用中心(加拿大英属哥伦比亚大学)
www.ethics.ubc.ca/resources/media

伊利诺斯技术学院
http://csep.iit.edu/codes/media.html

法国新闻学院(巴黎第二大学)
www.u-paris2.fr/ifp

波依特研究院(佛罗里达)
www.poynter.org

坦佩雷大学(欧洲道德条款)
www.uta.fi/ethicnet/

4 失职

各种道德规范规定了很多的禁止从事的行为,可是对允许从事的行为却提及不多,出现这种情况的主要原因很可能是人们认为避免一种错误比较容易达成一致看法,要弘扬某种美德则不太容易达成共识。不过,没有积极意义的道德是不够充分的。此章将介绍一些好的行为,这些行为在众多道德规范里经常不被推荐。它们源自很多年来专业人士和学术界对媒体提出的许多批评。本章的内容自从1992年以来,已经被全世界各地区超过十六种语言的期刊所刊载。

知道自己和精通本行 作为记者,应该清楚意识到自己是什么和不是什么:男人或女人、白人或黑人、年轻人或老年人等等。人的很多过失都产生于对自己的禀性、天赋以及局限性的无知。夸张点说,道德规范可以被认为能唤醒人的自我意识。

记者满足于从公关机构提供的新闻材料中寻找自己需要的报道内容，而众多道德规范却未对这种采访行为予以批评，也未建议记者在开始采访前，应自己先做前期准备工作，如浏览相关档案（或数据库）以及请教专家。

应对诸如恐怖行为的采访报道这样的困难情况，那些职业道德规范一点也没有向新闻记者提及要事先做些什么准备。没有媒体，可能就没有恐怖主义的存在。恐怖主义就是希望媒体将一小撮人的行为通过宣传而放大其效果。媒体是抵制这种要求还是屈服于这种要求呢？没有现成的答案，要回答好这个问题，需要思考，需要读书和做很多的讨论。

新闻记者需要广博的知识和特别领域的专业知识，这是哈钦斯委员会提出的主要建议之一。知识贫乏可以在很多方面表现出来，如专业术语使用不准确，数据处理出错，复杂的情况简单化，把假设当成已证实的事实，以及只从少数事例就急于做归纳，或做出没有根据的结论等。几乎没有道德规范力劝新闻从业人员掌握坚实的科学、法律、教育或工业方面的知识，对驻外国的记者，也没有语言上的要求。人们很遗憾地经常听到记者缺乏经济学方面的知识。事实上知识不足，会影响很多报道领域，例如，政治上，当其他一些国家，如美国，开始选举时，就需要政治方面的知识，或者当外国如卢旺达或波斯尼亚发生战争，就需要军事和文化方面的知识。

若干年前，媒体报道了发生在印度的一种令人震惊的传染性瘟疫的消息，然而该报道却让人觉得这种瘟疫与中世纪时期黑死病一样令人恐惧。发生在十四世纪欧洲的那场瘟疫在三四年间，导致了欧洲超过三分之一人口的死亡。媒体那次报道忽略提及两个因素：其一，这种瘟疫只是发生在印度的一种传染病。其二，这种传染病在当今是很容易治疗的，当时死亡人数也未超过一百例。

最后，道德规范经常忽略了最基本的一点，即：记者应该掌握自己的母语，和必须了解自己民族的文化。至少在法国，有相当多的记者在这两方面都显得无知。

惯例、保守和例行公事 新闻业的习惯做法也是众多道德规范不能很好被实行的主要障碍。懒惰、官僚式的麻木、缺乏想像力导致例行公事，如报道的范围相同，关注的现象相同，咨询的也总是那些自诩的专家。很少有精彩的思考，只有一些专业杂志和一些谨慎的专家给出的晦涩难懂的内容。

现在"新闻业扎堆"现象盛行，某个话题之所以被认为有价值，只是因为这个话题被某家大的新闻机构所触及，或是被国内某主要日报所关注，接着，这个话题即使毫无新义，也不重要，大家仍然蜂拥紧随，一天，一周，甚至更长时间，这个主题一直垄断着媒体的关注。而其他重要得多的话题却被忽视,或者一带而过。

若干年以来,所有法国媒体一直给予艾滋病以特别的关注,出过很多专刊和各种特别报道;相反,对法国由于酒精和烟草而造成死亡的直接和间接原因,却很少有文章和节目播出来探讨。如果一年死于艾滋病的人数为10万人,媒体的呼声一定大得吓人。如果有5亿人检查出有艾滋病,媒体会是什么样的反应呢?而这个数字是人类遭受疟疾、睡眠不足和肺结核等灾难的总人数。在非洲,死于这几种疾病的人数要比死于艾滋病的人数多得多。

单向思维 当媒体只反映一小部分寡廉鲜耻的人的看法时,你就可能遇上了专制,进而是极其危险的。纳粹已经提供了这方面的坏例子。在民主国家里,商业媒体常常鼓噪社会保守主义和经济自由主义,而公共媒体往往屈从于政府。当媒体对一种现状过分拥护,对一种意识形态推崇备至时,那么势态就可能已经朝着不健康的方向发展了。

在日本有一些"新闻俱乐部",它们的成员是一些受政界和经济界重量级人物信赖青睐的新闻记者,在那里这些记者们经常在新闻发布会前聚集在一起,商量决定哪些问题会令主持人难堪而不去提问。新闻发布会后,他们又在一起制订一致的报道调子。儒教传统的这种影响十分令人遗憾。在另一个不同的环境里,即二十世纪五十年代的美国，媒体鼓吹的是白人保守主义者的思想观念，而在随后的十年里，被排斥群体曾激烈反抗，当时的情形十分残酷，这些群体如黑人、学生、说西班牙语的人、本土美国人、消费者、妇女、环保主义者、同性恋者、残疾人等。

对新事物的恐惧 媒体的作用之一就是介绍新概念、新生活方式和新产品，以此来促进改革和增进创造力。然而，媒体通常对新的、不合传统惯例或极端的思想心存恐惧。日益增长的媒体商业化更使其偏向于鼓吹主流文化的冷漠和偏执。媒体不去正视，而是回避。非传统的声音几乎听不见，而这种非传统声音恰恰能提供另类的数据和看法。二十世纪六十年代，那些非常拥护宪法第一修正案的美国出版商们鼓吹要钳制年轻激进分子的地下出版物。可见，"政治正确或社会正确"这种观念来得远比人们所想像的要早得多。

在新闻业的微观世界里，传统势力并没有受到充分的挑战。人们仍然崇拜独家新闻和现场报道，然而这些匆忙的报道方式却是造成很多错误和职业道德方面灾难的直接原因。更普遍的是，大约有十几种令人遗憾的传统习惯在有许多职业道德规范中都没有考虑。这些传统习惯中一些与选择新闻有关，另外一些与使用新闻有关。此外，还有一些媒体应该在社会里发挥的功能，但是媒体现在并没有做到。

第一节 获得与选择

制订了编辑方针以后,媒体的管理者们首先考虑的不应是股东、广告商或消息来源,而应该考虑公众,不论是群体还是个人,即应该考虑可能受到影响的每一个人。这一点没有写入媒体职业道德规范里,尽管在其他行业中,那些注重职业道德的企业都取得了很好的效益。

传统上,媒体有关社会和政治的消息,很大程度上是由官方机构提供的。其内容或者与主流舆论一致,或者附和公认的反对派(比如中间偏左派和中间偏右派)。媒体总是漠视或嘲笑激进的边缘事件,媒体对二十世纪六十年代和七十年代再次兴起的女权运动采取的态度就是十分明显的例子。媒体应该努力对当地、国内、国际新闻给予全景式报道,这种报道揭示的应该是需要解决的各种问题,而不应仅仅是一些活动或意外事件。

失职 失职是媒体最严重的过失。失职的原因可能来自于媒体的本质特性,或是由于缺乏资源,或是由于资方不愿出钱所致。不过,出现疏忽失职现象还有另外一些原因。有些新闻主题部分或全部被忽视,其原因或是由于古老的偏见或众多禁忌引起,或是某些媒体老板及那些很少顾及消费者利益的广告商所致,或是那些在编辑部里占多数的受过教育的年轻人所致，或是社会上的富裕阶层所致，或是民众中的大多数人所致。下面是一些新闻盲点的例子。

在法国，媒体从来没有调查自二十世纪六十年代到八十年代竞选活动中大笔资金的来源问题，这些资金总不会从天而降的。媒体从未调查过职业体育中的腐败，尤其是足球。媒体没有反映法国三大银行之一，里昂信贷银行的令人眩晕的借贷活动，包括将几十亿法郎借给一个大报业集团。媒体却让极右翼分子利用人们对快速增加的非洲非法移民的不满而大做文章。法国医院护士、卡车司机、学校教师，甚至警察不得不上街游行或阻断道路，来让政府听到抗议的呼声。

在日本，至少直到最近，习惯上禁止媒体提及天皇，禁止提及日本在第二次世界大战时的侵略战争中强征朝鲜劳工、屠杀中国人民的恶行，禁止提及部落民（贱民）或黑手党帮派。在红色高棉控制柬埔寨并处死了超过一百万人的四年里，美国广播公司（ABC）在美国播出有关柬埔寨的新闻全部时间仅为12分钟，美国全国广播公司（NBC）为18分钟，哥伦比亚广播公司（CBS）为29分钟。

苏丹的基督徒和其他人种族灭绝事件，有多少媒体做了报道？1975至1995年间，东帝汶发生大屠杀时，有任何国家派记者到那里去报道这事吗？除了现在已经废除的南非的种族隔离制度，媒体曾关注过种族隔离制度吗？对很多穆斯林国家妇女受虐待的情况（尤其是非洲切阴陋俗),媒体给予了多少关注呢?

信息与娱乐的相互交织 在目前有关媒体职业道德的争论中,令人深感遗憾的是忽略了娱乐业。尤其在新闻与娱乐之间的界线变得日益模糊时,这种忽略的严重性就更加凸显出来。媒体现在缺乏层次感。媒体应该更好地区别花边新闻与重要新闻,去关注那些影响某一社会群体的生活,或全社会乃至全人类生活的事件上。

1994年5月6日,《国际先驱论坛报》在其头版上部用几乎四分之一版面作了一个带有边框的报道,介绍的是一个美国年轻人因破坏公物在新加坡将受鞭刑的消息。当在美国报纸上读到这条报道时,没有人会去想美国在一年里就有两万三千起谋杀案。这个数字的一半就是八年越南战争中死在那里的美军士兵人数。

1994年,一起谋杀案成了美国媒体全年关注的焦点,这本是一桩普通的案子,只是嫌疑人是个有名的黑人,而受害者曾经十分耀眼显赫。在美联社的年度评选中,美国报纸编辑们将这起辛普森案件选为当年第一大新闻。这在欧洲是不可想像的。

的确,媒体需要考虑用户的要求。社会精英需要有用的信息,而普通民众需要开心可乐的消遣。两者兼顾的媒体趋向于将两种需要混合在一起,这种媒体一般都在当地处于垄断地位。如今,没人会轻视娱乐媒体了。不过,娱乐媒体不应该排斥真实新闻,或将真实新闻庸俗化后充斥大众耳目。

新闻媒体的大多毛病都出在它的娱乐功能方面（比如煽情，将新闻过分戏剧化，有时甚至纯粹虚构信息），这些毛病应以不同批评标准来评断。自从印刷业发明以来，这些已是很常见的通病了。而且民众对这些现象也有所认识，因此对民众影响力也不大，民众并不是傻瓜。

虚假信息 太多的新闻报道是某些人为了从中谋利而杜撰出来的。针对媒体，这些虚假信息大多事先做了很好的准备，量身订做。将广告伪装成新闻，在印刷媒体中很容易识破。但是，在新闻发布会上发布的，或由公关机构提供给记者的影像素材里的虚假信息就不那么好识破了，而且记者在使用这些素材时也很少改动甚至原封不动。同样，如果记者刚刚被款待一次豪华邮轮旅游，或接受了其他好处，那么他若将虚假信息写成新闻报道，也不好识破。

类似的形式略为不同的虚假信息还有一些用以吸引媒体的报告，这些报告提供的信息实际上是一些经过刻意编排导演的虚假事件，比如像总统新闻发布会或大街上的游行示威。再有就是媒体自己制造假新闻，比如被那些自封的"调查记者夸张放大的小丑闻，或是狗仔队骚扰公众人物所得到的东西"。不否认这类新闻可能有一些有重要价值的内容，但是对这些新闻要经过严格的过滤和说明。若是虚假新闻，媒体必须告知用户,并让用户知道它的来历。

肤浅和简单化 大多数媒体不考虑现实社会多么复杂。它们认为媒体必须快速反应和娱乐大众,因此它们就简单化。于是,过分沉湎于一成不变的老套路、人要么是好人要么是坏蛋、社会现象简化成个人的怪异行为、长长的发言缩减成了简单几句话等等。媒体这样给出的这个世界和人类社会的形象是不完整的,经常是歪曲的,会引发出丑陋的感觉和行为。

媒体通常展现的只是一些小事件的汇集。媒体其实应该解释现代世界的结构,揭示每天发生着的事情与正在改变社会命运的那种深层次力量之间的联系,指出每个领域即将发生根本性改变的那种前兆。电视媒体似乎对没有图像的任何新闻都不感兴趣。很明显,对于一些过程和演变而言,用图像的方式来报道是不容易说清楚的。

新闻记者总是追求最快抢先首发新闻而不是追求最好的新闻,为此他们有时甚至杜撰事件。记者的这种疯狂状态应该结束了。这种过分行为在第一次海湾战争期间表现得淋漓尽致。他们会盲目地夸大某一事件(有时该事件从未发生)后将其丢弃,接着却跳到其他内容的报道。现在的确还没有什么道德规范要求记者报道事件时要有始有终,要报道对事件的社会反应。

对媒体来说十分重要是去揭示表面现象下面的实质。在很多情况下,道德规范没有强调新闻记者有必要核查引用内容的来源是否属实，是否经过授权或经过增删改动。道德规范也没有建议新闻记者要揭露消息来源操纵记者的企图，揭露消息来源将广告和宣传塞进新闻报道里的企图。要知道，约四分之三的政治及经济信息是由官方渠道提供的。此外，新闻记者很少质疑社会舆论。例如自1945至1990年间，很多迹象已经显示出当时的苏联并非如舆论声称的那样强大，然而媒体对此却缄口不言。这是因为很多人在冷战中有其既得利益呢，还是纯属懒惰或愚蠢的问题？

媒体可以揭示事物本质的另一种方法是：去发现那些重要的、隐藏的但存在着的现象。为了做到这一点，记者可使用侦探的方法，这类记者称为调查记者。至少在美国，这种方法常常逼得警察和法院也采取一些行动。记者还应该使用社会科学方法，借助电脑在分析和调查方面的强大能力去探索现象后面的本质，在某些事件发生前，有时甚至是灾难发生前，确定其深层次活动的规律，以便避免。这在美国被有点儿怪地称为"精确新闻业"，将其称为"试验分析新闻业"可能更合适些。

半瓶子醋 传统上人们认为好消息不是新闻。谁思考过1945年战争结束的意义，青霉素的发明，人类第一次站在月球上，或者柏林墙倒塌？媒体通常只注重分歧、冲突、对抗、戏剧性、失败。媒体通常说的总是事情出错了，而且越来越糟糕。媒体只关注问题本身而不是解决问题的方案，关注稀奇古怪的事情或犯罪而不是巨大成就和进步。一条新闻里如果包含一点点负面因素，那么这一点点就成了报道的焦点。人们现在甚至怀疑新闻从业人员是不是只是追求汽车连续相撞、杀人、银行破产、龙卷风和政治丑闻。玩世不恭代替了思索探求。所有的决策者们都好像是以自我为中心的既无能力又贪婪成性的，而且也不忠诚的白痴，惟有负有崇高使命的记者是揭露他们身上各种邪恶的英雄。当然腐败应该谴责，不过要是把整个公共生活都描述得好像腐败透了，那民主也就危险了。

如果公民只看到这种半瓶子醋的报道，那么他们很可能对社会产生悲观的看法，而事实上现实社会的实际生活比五十年前或一百年前要好得多，至少在西方是这样。这种半瓶子醋的报道会使公民丧失为改变自身命运及社会命运而工作的信心。

被束缚的信息 记者们对政治存有一定的迷恋。没有人能否认城市管理，国家管理，世界的管理的重要性，对自认为是社会第四等级的新闻媒体来说更是这样。但是他们赋予了政治以不合理的霸权。

媒体首先应该介绍更多的经济（有多少法国人知道法国 GDP 在世界上排名第四?）、社会和科学知识。美国报业巨头 W. R. 赫斯特（Willian Randolph Hearst 1863—1951）曾经非常正确地说过，读者在智力和美德这两方面比新闻记者们认为的要高得多。媒体应该帮助公众知道得更多,帮助公众更加有教养,要提升公众的道德水平和理性,要保护好过去的文化,为新的文化构建做贡献。媒体的目标如果只是维持各方面最大的共同点,那它与媒体职业道德本意是相违背的,因为这种目标与公众利益相悖。

媒体特别应该将科学家和其他专家的思想以及发现通俗地传达给社会公众。高质量的日报、新闻类杂志和电视纪录片做了这些事情,但做得还不够。媒体不仅仅是传递信息的使者,而且还应是探索者和倡导者。打个比方,刺激食欲及丰富味觉跟提供食物是一样重要的。

偏执狭隘 在地球每个地方都有一种令人遗憾的然而也是自然的习惯,那就是只关注当地或本地区的新闻。可以想像一个到美国的观光客在比较美国报纸的广告与国际新闻版面的悬殊比例时会多么惊奇,美国报纸广告占报纸整个版面的60%-70%,而国际新闻所占版面不到2%。这种令人忧虑的情况在法国也能见到。法国很多地方日报大量版面给了当地新闻,留给国内和国际事务只有很少篇幅。新闻职业道德规范对此却没有提及。然而不管普通民众是不是知晓这一点,他们都需要从媒体上了解当今世界的状况,以及导致这种状况的发展过程。

现在派驻国外的记者越来越少,这十分令人遗憾。只有当发生了某一事件,并吸引了公众的注意力时,特派记者才飞到发生事件的国家,但这些记者对那个国家往往一无所知,因而没法理解当地所发生的事情。如果在国外设办公地点花费太高,那么媒体为什么不在本国出版别国的文章或使用别国的广播节目呢?一份法国周刊读者文摘刊载译自世界各地的文章。在澳大利亚,每天早上,SBS广播网的新闻广播里有来自俄罗斯、中国、德国、法国等国的节目,每天晚上在固定时间播放外国电影和纪录片。媒体能从国外借鉴到创意和技术。总之,希望媒体能够促进人类的相互了解和理解、和平以及幸福。

第二节 新闻的处理与展示

当想传递一条信息时,教师、小说作者或记者,无论是谁都知道表达方法与要表达的内容一样重要。然而道德规范很少提及发表的文章应该尽量引人入胜(如,简洁、文体优雅、排版美观、图文并茂等)。

固定规格的报纸 像所有传统工业一样,现在的媒体认为无论当今世界上发生了什么事,自己每天都要用同样的配方,生产同样尺寸的产品。结果在某一天,它们要么忽略或漏掉重要新闻,要么找些东西去填塞已确定的版面或时间,结果这一天的新闻报道就会失真。

二十世纪末,一个公民能够接收到若干个新闻广播和新闻电视频道,诸如二十世纪八十年代美国有线电视新闻网(CNN)开办的新闻电视频道。还有,他也能很容易地通过互联网接触到大量文字和图像数据库。由于电脑的帮助,根据每个订户的要求和需要情况,使用记者收集和处理过的各种材料,在任何时间,将"信息打包"传送给用户已经成为可能。打包的容量可根据新闻内容的多少而变化,并且可以在不同时间,以不同的方式传送到不同的地方。

晦涩的新闻 "新闻"现在常常变成了一系列事件的堆积。当今,提供信息的任务不仅仅局限于挖掘出一些原始数据。记者的工作应该能使普通老百姓理解和评价报道内容,应该提供不同观点,也应该提供专家们的看法。这在涉及数据统计、民意调查、决策者讲话等的报道中是尤其不可缺少的,因为这些报道内容需要与以往的或其他地区的数据相比较。

虽然普通民众不是傻子,但是他们中很多人受教育程度不高,没有专业方面的训练及兴趣。他们会觉得有些"新闻"难以理解,因为媒体使用的很多词汇和概念不为他们所知。因而他们会觉得这种新闻乏味,尤其是平面印刷新闻。即使他们有兴趣,如果不解释清楚一个事件的起因、所处环境、其含义以及可能带来的后果,大多数公民仍不能正确理解。

为什么新闻记者不能把这一点做好呢?有好几个

原因：其中之一是倾向于满足社会精英一族需要的传统习惯，这个群体对世界有广泛的知识但是缺少时间，这是媒体为什么过分简单化和落入俗套的原因之一。还有是训练不够，无知或疏忽。再有是广播或电视媒体害怕听众或观众产生厌烦从而可能影响收视率和市场份额。

乏味的新闻 很多新闻基本上毫无用处（如事故、冲动性犯罪、重要人物的访问等）。然而，不幸的是，有用的新闻却不那么有趣。威尔伯·施拉姆认为有"即刻效益新闻"与"长久效益新闻"之分。如果社会要正常运作，这个社会所有成员都需要对其无论是遥远的还是近处的周围世界有良好的了解。不论他们是否愿意，都有义务告知他们。即使他们不想知道，也要引起他们的关注，例如向他们指出发生在遥远地方的某一事件会给他们的个人生活造成什么样的影响。这不是一件容易做好的工作。把重要的新闻做得生动有趣需要努力，需要时间，需要知道该怎么去做。

相反，有些看起来仅仅只是有趣的新闻报道，对社会而言会是很重要的。例如，一个人在郊区火车上杀死了十二个人，这是一篇令人震惊的满含血泪的新闻报道，但这篇报道对造成该事件的环境说了些什么呢？是失业、贫困、种族、酗酒、精神病人管理不善造成的呢，还是枪支的无管制销售造成的？

第三节 社会福利

保护弱者 最近一位经济学家指出,在民主国家里不允许发生饥荒,因为民主国家享有相对自由的新闻。媒体能对民众和消费者做好些事情。不幸的是,媒体却以人的权力与经济地位的不同而给予不同对待。新闻从业人员中的精英们认为自己属于有权势的团体,能优先考虑做自己当务之急的事情。可是,没有任何道德规范对这种观点的影响给予过警告,也没有任何道德规范提及过这事。言论自由和新闻自由不应该是某个特定阶层的特权,也不应该只是社会大多数人的特权。全社会所有人的声音都应该被听到。激进分子的声音应该能够被听到,行为古怪和社会边缘人群的声音也应该能够被听到。因为,他们有时是对的。可是,当政府迅速将抗议者的嘴巴封住的时候,大媒体倾向于谨慎地站在权力在握的人一边。法国也像日本一样,大媒体往往不去揭露丑恶的弊端。通常是那些诸如日本的 *Bungei Shunju* 或法国的讽刺性周刊 *Canard enchaîné* 这样的小杂志来揭露。

这并不是要提倡美国民粹主义的那种鼓动宣传。固然,媒体太多地屈从于社会大多数人的压力或屈从于有组织的游说团体,如法国的农场主和美国的"政治正确"斗士。但是,当哈钦斯委员会建议媒体应为民众的所有团体服务时,考虑的是普通的男人和女人,尽管他们是所谓的"人民",可惜媒体并没有给予这些人多少关注。现在的媒体道德规范很少提及新闻从业人员所表现出的偏向于有权人,偏向于新闻来源,偏向于媒体拥有者的倾向。人们把这看作是有权有势者的阴谋。

公众新闻业 执行编辑新闻协会(APME)职业道德规范(1975年颁行,1994年修订)是做出下列建议的若干少见的媒体道德规范中的一个:"报纸应该充当社会各阶层的建设性批评者……应该不遗余力地揭露私人领域和公共领域中的违法犯罪、欺诈和滥用权利等行为。从编辑方针上说,报纸应该为了公众的利益鼓吹进行必要的改革和创新。……报纸……应该为交流意见和开展批评提供论坛,尤其是当这种意见与编辑部的立场发生冲突时。"

九十年代初,这些概念在美国得到发展,并成为有争议的新的新闻业风格,被称为"公众(或公民)新闻业"。它的出现,是为了制止媒体在发行量和可信度这两方面的下降。媒体坏的时候,与各种公关人员为伍,与娼妓差得不远。好的时候,它很好地强调了媒体的首要任务是为公众服务,而不是为股东、广告商和政治领导人服务。媒体不应该把传播新闻当成作秀的舞台,而应该通过各种少数群体的参与,以促进严肃问题的讨论,即使这种参与为社会多数人所不满,由此激发民众参与公共事务管理的热情。独立的媒体不要仅仅只是当地利益的维持者,不要事事谨小慎微,而应该弄清和告诉人们什么是不对的,提出解决问题的方法,帮助公民最终解决问题,即使这种做法与传统惯例和既得利益不符。

第四节 娱乐业

传统上,新闻业与娱乐业是分开的。如今,这两者间的界限实际上已经混淆不清了,新闻业装扮得更具有吸引力,有时甚至有点过分,新闻业还开办了各种纪录片、历史、教育和体育的专门网络。体育不仅属于娱乐的范畴,而且也属于信息的范畴。虽然道德规范几乎从未提及娱乐业,但是其中许多款项也适用于它,如客观、公正(非沙文主义)、无腐败、不怂恿暴力等。

同样,人们发现新闻道德规范里也间接谴责娱乐媒体经常犯的各种错误,如电视里偷偷摸摸做广告,流行音乐节目主持人搞腐败,拉帮结伙阻止某些艺术家演出,以及(例如在法国)产品制造公司利用主持人挣大把利润。娱乐媒体一直被批评为传播愚蠢、粗俗、野蛮,被批评为毫无品位,缺乏审美观,歪曲现实世界以及违反道德等。

平庸的审美观 商业媒体对创新和推广艺术精品,如文学、古典音乐和美术作品几乎无所作为。审美观的平庸有时甚至影响技术水平,就像日本的动画卡通片那样。为了服务好顾客，媒体应该提高自己的品位，并将其升华。可是，巨大的产量不可能保证有高质量。它们的节目是一些惟利是图的人在流水线上拼装出来的，然后由那些迷恋于销售排名和收听收视率的官僚选定的。

知识的贫乏 商业媒体尤其被批评为不愿意促使观众听众提高思考水平。播出电视节目就跟出售"眼用口香糖"一样，即使国家电视台也差不多，当然英国的英国广播公司(BBC)和日本的日本广播协会(NHK)是例外。任何地方都能够看到的节目肯定是争议最小的节目。观众被熏陶得视野狭窄，不知过去，缺乏耐心。最糟糕的是，媒体弱智般一遍一遍地认真展示占星术和所谓的"超自然"现象。在世界的几乎所有地方，尤其是美国，媒体已经忽视了其教育功能，这可能是它们对社会责任最严重的践踏。

道德平庸 现在媒体的目标不是像学校训练学生那样训练公民，也不是像教会训练信徒那样训练信仰者，它们是在制造消费者。于是，媒体把幸福与消费，与成功的外在标记联系在一起。宣扬的潜在价值观是自私自利、贪婪、因循守旧。认为每个人都在为追逐金钱、名望、急功近利的灵丹妙药而奔波。所有政治、经济和社会问题都被简化成少数人关心的事情。这些人中，一些人是好人，一些人是坏人。他们之间的关系是以权力为基础,解决争端的方式经常是武力,一番争斗之后重新恢复秩序。如此的媒体娱乐和各种广告就像毒品一样,给人们带来痛苦的同时也产生舒适的感觉,带来了不满和逃避,最终是导致人们心灰意冷和冷漠无情。

电视作品里的各种人物尽是俗套,不外乎种族主义和歧视妇女。到处充斥着女人的面孔和身体,好的女性角色不多。如同在电影里一样,人数众多的几个阶层没有得到充分的表现:如儿童、知识分子、蓝领、穷人。在节目和广告里,电视给出了一个简单化的、不准确的世界形象:既被美化(虚构的人物生活在一个收入远远超出他们的职业可能提供的水平的环境里),也被描绘得比现实卑鄙得多和暴力得多。在音像制品里,男人看上去像暴徒,女人看上去像妓女。未成年人看了这些,将会有什么样的感觉?对城里少数民族居住区的低收入阶层里那些需要榜样的年轻人,这是非常危险的。科幻电影将未来描述成黑暗、令人窒息、野蛮的世界(如电影《终结者》,《水世界》),可是我们生活的这个世界与曾经有过的并不是太遥远的艰难时期相比(如1929年大萧条、纳粹和冷战),现在的贫困和危险要比那时少得多。媒体的这种行为只会给我们展示出一幅使人灰心、遗憾、虚假的社会画面。

尽管面向家庭的电影通常盈利要高于恐怖片和凶杀片,尽管大量研究已经证实媒体中的暴力与现实生活中的暴力之间确有联系,然而暴力在小说、卡通以及新闻广播里却还是无处不在。至少在美国,有这么一种解释：电视里的暴力刺激与性描述的刺激是一样的，但暴力使人少点尴尬难堪。美国儿童在小学毕业前会在媒体中看到许许多多凶杀案，然而有些好斗改革人士却辩称，不看这些的话，儿童就可能去看一些描写性的节目。

孤立主义 促使外国文化为本国人所知晓，从别人那里学来长处更好地发展自己，就有必要让其他国家的媒体产品可以在本国家发行，这对每个人都有好处，也很必要。目前，还没有一种道德规范甚至间接地提到这一点。美国一家大的电视新闻网晚间播出国外节目只占其总播出量的2%（其中大部分还来自英国），这不是缺乏职业道德的表现吗？实际上，媒体的这种保护主义使美国民众丧失了接触其他文化的机会，因而也危害到了美国的文化财富。与此同时，美国媒体在世界其他地方却大搞文化倾销。拿美国的电视节目来说，一旦在国内市场收回了成本，就以很低的价格倾销到国外，低得只占在当地制作同样节目所花费用的一小部分。这就窒息了当地文化的创造性。结果是美国文化和其他民族的文化都得不到发展。文化孤立主义在美国比较严重，但是世界其他地方也都有表现。法国电视里播放很多印度、朝鲜、智利的节目吗？或者有西班牙、意大利、瑞典的节目吗？日本电视里播放多少欧洲电视节目呢？孤立主义会损害对公众的服务，因此这应该是媒体职业道德必须考虑的问题。

第五节 广告问题

当广告收入在媒体总收入中占很大比例（最大可达百分之百）时，广告就会影响媒体的行为了。在很多国家，广告行业已经制定了职业道德规范并成立了执行机构，执行的严格程度甚至高于媒体。尽管如此，媒体还是应该对自己的广告内容予以关注。

在一些西方国家，媒体有时会将有关广告职业道德方面的事情委托给一些独立机构，如法国的广告检察局，或英国的广告标准管理局。即使这样，媒体也要自我检查，如某种产品的广告被禁止，那么它是不是会在同一公司其他产品的广告中出现。

还有更为严重的问题。1983年，美国电视新闻网（ABC）预告要播出《后天》，一部描述美国遭受核攻击的恐怖影片，很多广告商就不愿意把广告放在这个节目上。当某个产品或某项服务受到抨击时，情况会更糟。这时广告商的抵制会在他们圈内形成一种"自我审查制度"。例如，当一份当地日报发表了针对可能购买二手车的消费者的一些忠告时，旧车经销商们就会对此不满进而抵制该报。更严重的是，美国联邦贸易委员会早在三十年代就发表了烟草与致命疾病有关的报告。可是直到六十年代，媒体对香烟的危害性一直保持沉默。最近在九十年代，美国很多主要杂志还拒绝为某公司做广告，原因是该公司曾为它的禁烟产品搞过活动。

拿美国来说,报纸上超过三分之二版面是广告,电视节目每 9 分钟或 10 分钟就被一串吵闹的商业广告打断,以欧洲人的眼光看,这种情况是难以忍受的,也是不道德的(从"违反公共服务"的角度看)。

媒体道德规范选编

5

这里所介绍的道德规范都不是美国的。一个是国际性的，接下来的两个是全国性的，第一个是英国的报纸出版者采用的，另一个是俄罗斯新闻记者联盟使用的。它们彼此间十分不同。最后选编的是《法国追求报》专门为小事件（主要是犯罪和事故）记者制定的一组特别行为准则。很多其他道德规范也值得引用，如日本 NHK 的，或南非的，但阅读道德规范往往使人感到枯燥乏味，因为很多内容基本相同。

新闻记者权利和责任国际宣言

欧洲共同体 6 国新闻记者联盟代表

1971 年于（德国）慕尼黑通过

导言

传递信息、自由表达和批评的权利是人类诸种基本权利之一。

记者所有的权利和责任起源于公众有对

事件和观点的知情权。

记者对公众的责任超过记者任何其他责任,特别是超过对雇主和公共当局的责任。

传递信息的使命必然包括新闻记者必须遵守的限制。这是制定以下责任宣言的目的。

然而,只有在能保持独立、职业尊严能得到有效保护的条件下,新闻记者在从事其职业时,才能履行这些责任。这是制定以下权利宣言的目的。

责任宣言

从事收集、编辑和评论新闻工作的记者的基本职责如下:

1. 尊重事实,无论这会给自己带来什么结果,因为公众有知道真相的权利。

2. 捍卫传递信息、评论和批评的自由。

3. 只报道自己知道来源的事实,不得有意隐瞒基本信息,不得篡改原文和文件。

4. 不得使用不正当的方法获得新闻、图片或文件。

5. 要严格尊重隐私。

6. 当发现有不准确内容时,要对已经发表的信息予以更正。

7. 保守职业秘密,不泄露通过信任得到的信息来源。

8. 下列情形被视为严重违反职业道德:剽窃、中伤、诽谤、诬蔑和无端指责,以任何形式接受贿赂去发表或压制某项新闻。

9. 绝不将新闻记者的职业与广告销售人员或产品宣传员的职业相混淆，不得直接或间接接受广告商的任何命令。

10. 抵制任何压力，只接受编辑负责人指派的任务。

每一个配称为新闻记者的人都要真诚地将遵守以上声明的各项原则视为自己的责任。在遵守各自国家法律的前提下，新闻记者在他的职业操守方面只接受同行的监督，拒绝任何政府或其他方面的干涉。

权利宣言

1. 新闻记者有权自由接触所有信息资源，有权自由地调查与公众生活有关的所有事件。因此，除非情况特殊或目的明确，否则不得妨碍记者了解公共事务或私人事务的秘密。

2. 新闻记者有权拒绝服从任何与其服务的信息机构的基本方针（如雇用合同中写明的各项规定）相冲突的安排，有权拒绝任何其他没有在这个基本方针中清楚表述的安排。

3. 不能强迫新闻记者从事与其信念和良心相违背的职业活动或表达与其信念和良心相违背的观点。

4. 所有可能影响新闻企业生存的重要决定必须告知编辑人员。所有人事安排，如招聘、免职、转岗、记者提升等，在最后决定出台前，应至少咨询编辑人员。

5. 考虑到其职能和责任，新闻记者不仅有权享受集体谈判协议带来的好处，而且还有权订立单独的雇用合同，以确保新闻记者享有物质上和精神上的安全，确保其经济独立。

英国新闻投诉委员会的实践准则

（1994年制定，1997年修订）

新闻行业所有从业人员都有责任使自己保持最高的职业和道德水准。本准则为这些水准制定了参考基准。它既保护个人的诸种权利又维护公众的知情权。

本准则是自律机制的基石，新闻业为此已经做出有约束力的承诺。编辑和出版商必须保证不仅其职员，而且所有与业务有关人员都要严格遵守本准则。

制定一个在字面上和精神实质上都受到尊重的准则非常重要。不应狭隘地将本准则解释成为了尊重个人权利而在承诺上作出妥协，也不应笼统地把它解释成为了公众利益而阻碍出版。

编辑的责任是与英国新闻投诉委员会合作尽快解决各种投诉。

被英国新闻投诉委员会根据如下条款之一提出批评的出版物，必须将该批评全文在显要的位置刊登出来。

1. 准确性

1）报纸和期刊应特别注意不发表不准确的、误导读者的或被歪曲的包括图片在内的材料。

2）一旦察觉明显不准确的、误导读者的、或被歪曲的报道已经发表,媒体应立即在显著位置予以更正。

3)任何需要道歉的时候,一定要公开发表。

4)报纸虽然可以带有党派性,但必须将评论、推测与事实清楚地区别开来。

5)当报纸或期刊因诽谤而被起诉时,必须公正和准确地报道诉讼的结果。

2. 答辩的机会

应给予被指控当事个人或机构以公平机会以便对不实之处进行辩解。

3. 隐私

1)每个人的隐私和家庭生活、住宅、健康和通信都应得到尊重。若未经许可而侵扰他人私生活,应公布理由来证明这样做是正当的。

2)未经当事人同意,使用长焦距镜头私自拍摄他人照片的行为是不可以接受的。

4. 骚扰

1)新闻记者或摄影记者不得使用威逼、骚扰或长时间跟踪的方式获得或试图获得信息或照片。

2)在没有得到许可时,新闻记者和摄影记者不得私自拍摄他人照片(第三款里有明确说明)。当自己的要求被拒绝后,不能继续使用电话、提问、跟踪、不停拍摄等方式侵扰他人。被他人要求离开时,新闻记者不得继续逗留在其私人领地,也不得继续跟踪他人。

3)编辑们必须确保为其工作的人员遵守这些要求,绝不发表从不符合这些要求的渠道获得的信息。

5. 遭受不幸或打击时的侵扰

当他人遭受不幸或打击时,记者在作调查时应富有同情心并谨慎行事。这个时候应慎重发布信息,但不应将此要求理解为限制报道司法程序的权利。

6. 儿童

1)儿童应自由地在学校完成学业,不受不必要的侵扰。

2)在家长或其他对儿童负责的成年人不在场时,或未经他们同意,新闻记者不得就儿童福利问题,对年龄在16岁以下的儿童进行采访或拍摄。

3)未经校方允许,新闻记者不得在学校里接近或拍摄学生。

4)除非能证明有利于儿童,新闻记者不得用向未成年人付费或向家长或监护人付费的方式去获得涉及儿童或被监护人的材料。

5)必须具有正当理由,方可发布有关儿童私人生活的信息。

7. 性案件中的儿童

1)当性侵犯案件涉及未满16岁的儿童时,即使没有法律禁止,新闻媒体也不得公布涉案儿童身份,不论他是受害者还是目击证人。

2)新闻媒体在报道儿童是受害者的性侵犯案件时

　　a: 不准许指明儿童身份。

　　b: 可以指明成年人身份。

　　c: 在儿童受害者身份可能被识别出时,报道中不许使用"乱伦"这个词。

　　d: 要特别注意在报道中不可以有任何关于被告与儿童之间关系的暗示。

　8. 监听装置

　　新闻记者不得使用秘密监听装置或通过截取私人电话交谈方式去获得或发布信息。

　9. 医院

　　1) 在医院或类似机构里进行调查采访时，新闻记者或摄影记者应该先向被采访单位负责人出示自己身份证明，征得许可方可进入非公共区域。

　　2) 在医院或类似机构采访个人时，尤其不得侵扰私生活。

　10. 无辜的亲戚和朋友

　　未经许可，新闻报道必须避免指认罪犯或被告的亲戚或朋友。

　11. 不正当手段

　　新闻记者不得使用不正当手段或计谋获得或试图获得信息或照片。

　　1) 只有经过拥有者允许才能取走文件或照片。

　　2) 只有为了公众利益及材料不可能通过任何其他方式获得时，方可使用计谋手段获取材料。

　12. 性侵犯的受害者

　　除非具备充分正当理由及在法律允许的情况下，媒体不许指明性侵犯受害者的身份，或者发布可能导致受害人身份被人确定的信息。

13. 歧视

1) 新闻报道不得带有偏见地或以贬损语气提及某人的种族、肤色、宗教、性别或性倾向,或任何生理或精神缺陷或残疾。

2) 除非与报道内容有直接关系,必须避免刊登某人种族、肤色、宗教、性倾向、生理及精神缺陷或残疾的细节。

14. 财经新闻

1) 即使法律不禁止,新闻记者也不得利用在发布前先行得到的财经信息牟利,也不应该将这样的信息告知他人。

2) 在未向编辑或财经编辑通报的情况下,记者不得撰写有关与自己或自己亲属有明显经济利益的股票或证券的报道。

3) 新闻记者不得直接或通过代理人买卖他们近期刚报道过或不久的将来有可能要报道的股票或证券。

15. 秘密的信息来源

新闻记者在道义上有义务保护秘密的信息来源。

16. 有偿报道

1) 不得直接或通过中间人,采用付费或允诺支付费用的方式,从正处于诉讼程序中犯罪案件的证人或潜在证人那里获取详情或信息,除非发表这些材料符合公众利益和有绝对理由需要支付费用或允诺支付费用来获取信息。新闻记者应尽一切可能确保证人提供的证据不受金钱交易的影响。

（授权支付费用的编辑必须准备证明这样做是因为公众合法利益已经处于危急之中，公众有权知情。当实际传讯证人提供证据时，支付给证人的费用以及付费地点或付费允诺都应向控方披露）

2）不得直接或通过中间人，用付费或承诺付费的方式从被判有罪，或已认罪的罪犯及其有关人员（家庭成员、朋友或同事）那里获取详情、图片或信息，除非获取这些材料符合公众利益和必须支付费用才能获得这些材料。

俄罗斯新闻记者职业行为道德规范

1994年6月23日莫斯科俄罗斯新闻记者大会通过

1. 新闻记者必须以本规范制定的职业道德原则作为自己的行为基础。认可、接受和遵守本规范是成为俄罗斯新闻记者联合会成员的绝对条件。

2. 新闻记者必须遵守国家法律。记者履行其专业职责时，只接受同行的监督，拒绝来自政府或其他人的压力和干预。

3. 新闻记者只传播和评论他确信可靠及来源清楚的信息。新闻记者应尽力避免因报道不全面或不准确而给任何人造成损害。记者应避免有意隐瞒重要信息或散布虚假信息。

新闻记者应将报道中的事实与任何自己的观点及假设绝对分开，但这并不意味着记者在其职业活动中一定保持中立。

在履行职业职责时,新闻记者不应使用非法和不正当方式获得信息。新闻记者应承认和尊重个人和机构享有的不提供信息和不回答问题的权利,除非法律要求他们提供信息。

新闻记者应认识到,在任何情况下,恶意歪曲事实,诽谤,收受钱财发布虚假信息或掩盖真实信息都是严重的职务犯罪。一般说来,新闻记者不应直接或间接从第三者那里收取任何形式的补偿和酬谢以作为发布信息材料或发表观点的交换。

当察觉自己发表了内容虚假的或被歪曲的材料时,新闻记者必须采用同样的印刷或视听媒介更正自己的错误。如果需要,新闻记者必须道歉。

新闻记者的名字及名声保证了他所有的报道是值得信赖的,也保证了基于他的学识和认可而以签名、笔名或化名发表的判断是公正的。如果认为新闻报道或评论违背了他的初衷或哪怕只是部分被歪曲,任何人不得阻止新闻记者将他的名字从该报道中删除。

4. 对于从秘密渠道获得的信息,新闻记者应为信息来源保守秘密。任何人都不得强迫新闻记者透露信息来源。只有在怀疑信息来源有意歪曲事实,或只有提及信息来源才能避免给对公众造成严重危害这样的特殊情况下,才可不尊重匿名权。

被采访者如要求将采访内容隐蔽,以及不暴露被采访者线索时,新闻记者必须尊重这种要求。

5. 新闻记者应充分了解自己的工作可能为自己带来监禁、迫害和暴力等危险。

新闻记者履行职务时，必须反对极端主义，反对任何基于性别、种族、语言、宗教、政治观点、社会出身及国籍等方面原因对公民权利的各种限制。

新闻记者应尊重采访或报道对象的人格尊严和荣誉。在涉及种族、国籍、肤色、宗教、社会阶层、性别，以及生理残疾或疾病时，应避免任何含有贬意的暗示或评论。除了与报道内容有直接关系外，应避免发布上述内容。新闻记者应绝对避免发表可能伤害他人身心健康的言辞。

新闻记者应坚持法庭定罪之前，任何人都是无辜的原则。除客观介绍案件必需之外，新闻记者应避免在报道中提及罪犯或被控有罪人的亲属和朋友的名字。新闻记者还应避免提及受害人的名字，也要避免公布任何能导致暴露受害人身份的信息。当媒体报道有可能伤害未成年人利益时，尤其应严格遵守这些职业道德规范。

只有在保护社会公众利益时，新闻调查侵犯人们的私生活才可能是正当的。当涉及置身于医院或类似机构的人时，新闻记者尤其应该严格遵守这些禁止侵犯他人隐私的规定。

6. 新闻记者应认识到，若在执法、立法或司法权力机构中任职，则将与自己的职业身份不符。若在政治党派或其他政治组织的管理机构中任职，也与记者的职业身份不符。新闻记者应该明白一旦持有武器,那么他的记者职业也即终止。

7. 新闻记者应认识到,利用自己的名声、威信、职业特权和能力来发布具有广告或商业性质的信息是卑鄙的,尤其是这种内容以隐蔽的形式出现时。

新闻记者不应为个人或亲属的利益利用其职业关系获取任何机密信息。

8. 新闻记者应尊重和捍卫同行的职业权利并遵守公平竞争的规则。新闻记者应避免自己有任何可能伤害同行个人或其职业利益的行为。

在涉及创造性劳动时,新闻记者应自己及要求其他人尊重版权。剽窃是不许可的。不管是以何种方式使用同行作品,新闻记者都要标明作者姓名。

9. 如果新闻记者接受某项指派工作而不得不违反上述所提及原则,他应拒绝这样的指派。

10. 在法庭上,新闻记者可使用民法和刑法提供的所有保障或其他手段来运用和捍卫自己的权利,以反抗暴力或暴力威胁、侮辱、精神伤害或诽谤等。

特别部分:《法国追求报》报道犯罪和突发事件的道德规范

(节选)

第一款 社会新闻在以下有双重意义上是新闻的基石:

——从读者观点看，这是注意力里最优先的中心（……）。

——从记者观点看，社会新闻要求记者以最高标准来遵守职业道德（核查事实、核查相互矛盾的消息来源、详细调查、认真思考、敏感、尊重当事人……要在不稳定的、复杂的、不可预见的、异常的或危险的环境中运用这些原则）。

不论大小，每一条社会新闻都会涉及我们在法律上或职业道德上的责任。因此，要求记者对法律和法律程序有最起码的了解，要求他能够找到正确的音调，正确的音调位于医生临床诊断时的客观冷静和演员表演时的情感宣泄之间。

社会新闻深入人们的心灵深处，它能激发人们的感情，探察人们的良心，撼动社会现有的平衡。

报道社会新闻的记者（……）在报道事件，作调查和进行后续报道时，应该始终不懈地表达正义和自由的价值，尊重他人和他人的权利，这些是《法国追求报》的根本（……）。

第二款　基本原则

——社会新闻要经过核实，应准确和容易理解，报道时要始终关注可能产生的影响（对当事人，对受害者的家庭，对罪犯的家庭……）

——要从当时的客观环境和人性的角度报道事实真相，不给那些专门喜欢刺探隐秘的人留有空间。

——事实真相，不论重要的还是不重要的，都应全面而详尽地报道。事实真相若仍扑朔迷离,仍未被揭示出来,记者应该毫不犹豫地重新予以报道。如果只因事件结局与自己以前报道的不同就草草结束报道,那么,记者将是十分卑鄙的。

——报道事实真相时应伴有证词及采访以帮助读者理解,还要向读者提供信息,帮助他们不会成为类似犯罪的受害者。

——记者在归纳事件的各种起因,联系原因与后果,以及判定涉事人责任时应格外谨慎。有时候看起来是显而易见的事,但实际上却不尽然,有时候消息来源可能试图操纵新闻舆论。

(……)

第五款 社会新闻和编辑部运作

每一县级编辑部都需要有一个负责社会新闻的专职人员。这样的人员不应每日轮换,最差也应一周再更换,以便工作有始有终。处理社会新闻具备各种知识、特别的调查方法、信息网等。

(……)

要注意,有些看起来显然的事实上却未必如此。警方的信息经常过于自信。要谨慎对待调查中取得的供词。

(……)

用词不中立 我们要特别当心我们使用的词汇(……)要禁止使用伤人的词汇,其实很容易找到替换的词汇,要禁止使用会导致公众和陪审团作出有罪判定的用语,比如"这家伙是警察熟悉的人物"(……)"这个杀人犯拒绝承认事实"

(……)

初级法庭 报道初级法庭审理的案件可以向人们提供大量有关社会变化和犯罪演变过程的信息。这类报道不能让人示众受辱。大多数案件应该当作社会事件处理,不能透露当事人的姓名。

(……)

让人们感兴趣的不应该是"某某先生给抓了",应该是事实真相和惩罚给人的思考:如"如果这种意外不幸发生在我身上,我该怎么办?"

(……)

第六款 社会新闻记者的实用指南

事故 即使警察报告中已有提及,在报道事故原因时也应该小心谨慎。这类报道有可能影响法庭的判决。

如因道路或交通管理等原因造成事故,应对此作补充报道。

(……)

自杀 通常不应提及这类行为。

(……)

未成年人犯罪 (……)记者当然可以自由地评价事情的重点和前因后果。但经验证明,与自己同事和上下级对话沟通,更能保证看法一致和公平公正。

(……)不要暗示并未直接涉及案情的人的名字。

不要暗示他人的职业、种族或宗教信仰，比如这样的标题"被精神病医师谋杀"，"小偷曾是消防员"，"一个阿尔及利亚盗贼"……

注意某些含有种族主义意味的话语，不要说"一个穆斯林法国人"，你会说"一个信奉天主教的法国人"吗？不要使用带有贬意的词汇……如果嫌疑人是一个外国人（核查事实），要说明这人国籍，以及他是不是法国居民。

强奸　不要发表受害者的确切身份或任何能导致暴露其身份的内容（除非受害者坚持要发表，根据1980年12月23日通过的法律第39款，受害人应写出字据）。

乱伦　法律规定全部匿名。只有在涉案成年受害者已提起诉讼并要求公开案件后才可公开其身份。

有伤风化　在任何暴露被告身份可能导致暴露未成年受害者身份的情况下，报道必须匿名。在此类案件调查中，必须特别小心谨慎。

杀婴　在描述事实、前因后果及社会环境时要运用自己的智慧和机敏，避免给他人带来羞辱。这种报道需要同情心和良好的判断力。除个别情况外，直到案件开审之前所有报道都要使用匿名。

（……）

媒体责任体系

6

　　媒体道德规范所面临的一个关键问题是如何找到能够被接受的,即非政府干预的执行方式。是什么在促使一个人有良好的行为举止呢?是人要承受的三种压力。第一种是人的反常性格使得他必须为了社会其他人的利益而去承受的外在身体压力。第二种是人的高尚意识使他对行为准则和价值观念很敏感而要承受的内在道德压力。第三种压力来自人的矛盾心理和双重性格,当外在道德压力足够大的时候,如果违反了职业道德,媒体道德规范的影响就会通过同行的谴责或公众的蔑视而得到发挥。

　　几个世纪以来,新闻行业只运用了这三种惩罚中的前两种。道德高尚的新闻记者遵从良心,寡廉鲜耻的雇佣文人则不得不面对警察和法庭。二十世纪末期的今天,如果我们还要继续享受自由和民主的新闻,我们则必须运用第三种惩罚。如今,媒体已经成了大行业，只有个人良心是不够的。至于司法人员、地方官员和警察，他们不值得太多信赖，因为他们常常被用来钳制新闻业。

尽管现在还有些不够清晰，但媒体责任体系的概念是普遍适用的。它涵盖了个人及群体、例会、书面文件、小型媒体、一个漫长过程或者一种具体方法。通常，媒体责任体系只在道德压力下才发生作用。但是这种作用可以通过媒体高级管理人员的职权或现有法律的影响得到加强。

在二十世纪九十年代的法国、美国以及世界上其他一些地方，"谈论"媒体职业道德已经成了时髦，但没什么人去考虑为此"做"些什么。非常遗憾的是，还有一些撰写职业道德书籍的新闻记者对认为应该想办法执行道德规范的看法嗤之以鼻。很多年来，各地的大多数新闻从业人员一直忽视或拒绝考虑媒体责任制度，声称媒体责任体系对新闻自由，对人权，对民主构成了威胁。一位法国著名专栏作家就说过："任何道德监督都将是极权主义"！有些人甚至一想到道德规范就极为愤怒。所以，本章内容很可能是许多媒体专业人士诅咒的对象，不管他们是欧洲的还是美国的。

第一节 参与者

无论谁来检查媒体的公众服务质量，他必须首先确定该媒体是否已将服务公众定为其首要的目的。再有他必须了解公众的需要和愿望。最后他必须确定公众是否满意。所涉及的三方(媒体资方、媒体专业人士以及媒体用户)可采用独立或联合的方式进行检查。虽然一些国家,如印度允许立法者参与检查,但不建议采用如此做法。如果立法者的参与能保持在最低程度,也就不会有什么问题了。除发出一些警告以促使媒体开展自律活动外,通常政府不应参与这样的检查。

媒体资方 人们或许期望资方自己建立起服务质量管理制度,不过没有哪个行业在没有外部压力的情况下会给自己制定职业道德规范的,更不用说会去执行了。在垄断的情况下,滚滚财源会湮没良心。在存在竞争的情况下,一些肆无忌惮的家伙会拒绝任何道德规范,还会迫使他人追随仿效。

编辑及新闻主管 当然,强化职业道德的最简单、经济、有效的方法是请编辑部负责人来负责落实。如果能将道德规范写到雇用合同里,事情就简单了:处罚(训诫、降级、停职、开除)因此而能迅速甚至马上得到执行。

但是,如果只是由编辑部管理人员实施道德规范,各种弊端就出来了。编辑部管理人员的立场是模糊的:他们既是记者,但很大程度上也是资方的代理人。管理人员首先关心的是利润,因此难以胜任职业道德(即良好地为公众服务)的监督工作。因为利益至上的原因,很可能诱惑他们放任一些丑恶行为。实际上,他们可能还会鼓励一些雇员去做违反道德规范的事。一旦公众反对声起,他们将很可能把记者当成替罪羊,更不用说他们还会利用道德规范解雇不听话的雇员了。

媒体从业人员　媒体从业人员当然是涉及职业道德最多的人。他们可以从媒体质量的改善中获得最大利益,他们因此可能不再为同行中平庸者的作为背负责任。美国广播电视新闻主任协会(RTNDA)早先版本的职业道德规范是这样结尾的:"广播电视新闻记者应主动谴责并努力防止违反这些规定,要积极鼓励所有新闻记者遵守这些规定"。实际上,尽管各种协会有时也成立纪律委员会,但是对违规行为的处罚却难以落实。

阿拉伯新闻记者联盟的职业道德规范(1972年)要求新闻从业人员公开谴责同行的错误行为。这在西方民主机制里是"做不到的",但是,当某些人严重违犯职业道德时,如系统作假、敲诈勒索或兼职于情报业务,我们还可以接受他们之间的团结一致吗?

理论上讲,若新闻记者能与出版商自愿合作对新闻业施加影响去强化新闻业的社会责任,这将是一种简单有效的解决方案,问题是公众对此不会相信。经验表明,任何像行业协会这样的组织总是将自己的利益放在优先位置,而忽略自我批评。

用户 在讨论职业道德时，人们经常忘记媒体用户。除非诉诸于法庭，媒体用户相信自己对媒体是无能为力的。如果他们的呼声能够被听到，他们不愿意上法庭，可能也从不选择法庭。他们能单独行动吗？也许有一天，维护消费者权益协会也会把媒体的事像他们长期以来对待酸奶、微波炉、银行服务的质量问题那样来对待。

积极的公民可以在社会活动家帮助下组织起来，批评性地分析媒体内容，甚至收集公众中的各种抱怨不满及进行处理。可是即使他们这样做，能够想像专业人士们通常也会拒绝他们的意见。这些专业人士们可以轻而易举地剥夺公民唯一的批评武器：封锁公民活动的消息。

所以，专业人士与公众的合作应是十分必要的。专业人士最了解如何改进媒体和如何促进这样的改进，但是这样的专业人士人数太少，也太脆弱去单独面对来自于经济和政治方面的压力。他们需要广大媒体用户运用他们手中的表决及购买力来支持。

简要历史 所有将在这里讨论的"媒体责任体系"（MAS）是已经存在的，而且经试验是令人满意的。这些制度许多实际上是在美国孕育和实现的，可能是因为那里的媒体较别的地方更加商业化，因此那里的民众较之世界上别的地方更担心国家对媒体的管制。

直到二十世纪六十年代，人们对"媒体责任体系"

一直兴趣不大。在那之后,才走出低谷。有几件典型的事件标志着事情的发展。1967年,开始成立了一些地方新闻委员会,一家日报委任了第一个监察人员。自1968年起,含有严厉批评内容的"新闻业评论"大量出现。接着在1971年,在美国明尼苏达州成立了一个地区新闻委员会,1973年,成立了一个全国性的新闻委员会。这些创举标志着两个变化:一个是一些资方接受了雇员在他们的产品中要有发言权的观点。另一个是一些新闻记者也承认了公众有表达意见的权利。

在二十世纪七十年代即将过去的时候,人们的注意力集中在"新闻委员会"和由诸如联合国教科文组织、国际新闻学会、欧洲议会及美国的二十世纪基金会、梅内特基金会等机构资助的研讨会和各种试验上。那时,有关这个话题的报道、文章和书籍有如潮水一般。如果仅仅因为它由媒体的三个主角构成而说新闻委员会是一种潜在的最有效率的媒体责任体系的话,那它还远不是唯一的媒体责任体系。还有一些已经存在但被忽略的体系,一些新的体系也在酝酿设计中。

第二节 基本手段

培训 对民众进行使用媒体的教育以及对新闻从业人员进行正规的学院教育,是解决媒体质量问题的一项长远方案。那种老式的在职培训是有效果,但属于短视行为，远远不能满足现今要求。大学教育能给新闻记者提供(1)普通的文化知识、(2)某一领域的专业知识和(3)职业道德意识。所以经过正式培训的新闻记者具有更强的能力和责任感，因此会受到尊重和具有更强的自治能力。

考核评价　改进媒体最古老的然而也是最容易、最常见的方法是给予正面或负面的批评。当然，批评通常来自政治家、商界领袖、发言人、保护消费者利益者、环保主义者和知识分子。然而，批评还应该来自另外两种人：一种是媒体专业人员自己，他们具有最强的可信任性；另一种人是传播领域的学者，他们能够使用科学的方法来考核评价。

监督　这是现在需要的，因为当今媒体产品数量众多，很多都是昙花一现。还因为媒体过失常因为疏忽失职造成，因此不易捕捉。只有那些独立的学术专家们才能承担这样一种对媒体的长期观察、长期分析媒体内容，并研究其长期影响的工作。

反馈　媒体怎样才能实现很好地服务于社会的梦想，但又不招致各层次用户或各种社会机构的抱怨呢？研究结果表明，媒体用户的口味与媒体管理人员对其的理解经常存在距离。比关注销售量或排行名次更好的方法是让决策者们了解情况。一种方法就是雇用不同背景的新闻记者(如妇女及少数族裔)。这还能帮助解决另一个问题,就是能够接触到少数群体的舆论,发表他们的新闻和观点。

在实践中,一种媒体责任体系可将这些不同方法结合在一起,如《美国新闻评论》月刊那样集批评、监督、反映用户声音和向新闻记者提供信息于一身。在以下章节中,将按其基本性质列举出一些媒体责任体系方法,虽然并不详尽。

一 书面文件和广播文件

更正栏目 这个工具看起来没什么,实际上并非如此。它至少有一个最大的好处,就是不花任何费用。用它主要可以抵制新闻行业中的一个老毛病,即不愿认错。利用这个责任体系,假如媒体让公众都能看得到的话,新闻从业人员就可以向公众说明他们也是会出错的。这样,可以增加他们的可信度(与这个行业长时期以来给人的看法相反),并取得公众的信任。

有必要的话,需要一份篇幅较长的严肃的自我检查报告,而不仅仅是一份简短的认错检讨。这种报告要像华盛顿邮报监察人员处理该报记者珍尼特·库克时所做的那样,她编造了假新闻,因此而被迫交回她所获得的普利策奖。

给编辑的信 媒体的一个主要功能就是提供一个论坛。在民主制度下,所有民众组织都需要表达自己的意见。而这种意见的表达并不是仅仅限于通过像协会或种族团体那样的机构。这正是媒体责任体系的价值所在。在二十世纪七十年代的美国,这种做法已经发展到相当的程度,有些报纸读者来信所占篇幅超过一整版,仅次于社论文章。读者来信成了最受欢迎的版面之一。一些电台和电视台也拿出一些时段播放这些来信,或播放"嘉宾栏目"。越来越多的媒体现在可以从它们的在线读者那里获得即时的反馈信息。有些媒体还将其编辑或记者的电子信箱地址公诸于众。

付费的评论版面 在美国,有些公司(如美孚石油)或一些意识形态组织会在期刊上买版面,谴责他们所认为的媒体的各种过错。美国总统里根的一个前助手曾经在华盛顿邮报上买了两页版面,驳斥该日报先前刊登其兄弟死亡的描述报道。这种情况在世界其他地方是非常少见的。

准确而公正的调查问卷 这种问卷应定时邮寄给报纸上提到的那些人,或者公开发表让所有读者填写。他们注意到了任何事实错误或偏差的迹象吗?采用后一种问卷方式作为媒体责任体系,花费甚少,人们惊奇地发现这种方式为何用得这么少。

内部备忘录 编辑部里各种编辑们应该像小学教师那样:时时提醒每一个人新闻业的各项原则和本部

门内部的各项规定，即使报社内部存在有一个多年来由某个报界前辈制定的，但没有形成文字的重要传统，如赫伯特·伯夫-麦瑞为法国《世界报》做的那样，也还是要不断提醒新闻记者。

职业道德规范　一部经媒体专业人员讨论并赞同的职业道德规范，因为它已被大家知晓，所以也就成为了媒体责任体系。它的存在就是一种道德压力。在美国，大多数报纸都制定有自己的行为规范。有些还经常将这些行为规范予以发表，让公众参与讨论和监督。

1994年，俄罗斯新闻记者联合会通过了一部道德规范：无论谁在它上面签字表示同意，都可从联合会那获得一张职业身份卡（有新闻记者国际联盟主席的签名），凭卡记者可享有各种优惠，如获取信息和各种保险。

媒体版面/节目　这些版面不仅应包括媒体新闻内容，而且还要包括各种批评。在现在的一些水准较高的日报和新闻杂志里能看到这样的版面。类似的东西在广播和电视里也有，如澳大利亚广播网（ABC）每周一次鞭笞媒体的"媒体观察"节目，还有像美国非商业广播网（PBS）在1981至1985年间的"内部报道"节目等。

新闻评论　主要是从二十世纪六十年代末起，各种地方性或全国性的新闻评论月刊或季刊便被专门用于对地方性或全国性媒体展开批评，揭露失实报道和媒体失职，并报道那些被正规媒体忽视的新闻。这类新闻评论在广播电视中不太常见，不过在二十世纪九十年代中期，互联网上出现了这类评论。网络上的这类新闻评论虽然也用传统方式抨击媒体，但也给记者们提供了一块阵地，使他们能揭露他们所工作的媒体的各种内幕。

公开声明 重要人物对媒体发表的看法会产生很大的影响，原因要么是发表看法的人位居显赫位置，如1969年美国副总统阿格纽辱骂自由派媒体的事情，要么是因为其看法中有令人错愕的言辞，如美国通讯委员会主席牛顿·麦诺把美国电视称为"一个巨大垃圾场"，或者两者兼而有之。图片也会有很大的影响，如再次当选为总统的杜鲁门手里握着一份《芝加哥论坛报》，该报显赫大标题是"杜威赢了"（事实上，那次竞选结果是杜鲁门当选成功，杜威败选——译者注）。

评论报告和图书 有时当某些危机爆发时，由各种消费者协会（如法国1990年成立的法国电视观众协会MTT）或官方机构（如美国的参议院）提议，并由专家委员会撰写的报告能够揭露媒体的错误，或者展示媒体的清白，报告还会提出改进措施。某些书籍也有同样效果，这类书有些由专业人士编写，如肯·奥列塔，或由业外观察家所写,如列奥·勃卡特,其中很多人是学者,如拉里·萨巴特,有些人两种情况兼而有之,如菲利浦·梅耶。

电影或电视节目 有些电影以现实主义方法(如《没有预谋》,1981年)或讽刺手法(如《网络》,1976)向观众描述报纸、广播电台和电视台的世界,有些电视系列片也一样,用写实手法(如《娄·格朗特》,1977—1982年)或讽刺手法(如《墨菲·布朗》,1988年)作这种介绍。

另类媒体 很多可能到不了普通公众手里的信息可以通过政党的报纸、另类报纸、政治谈话节目、私人非商业调频电台,或租用当地有线电视频道等方式传播。同样,在专制极权的地方,地下出版物用来传播信息,暗中指责正式媒体。这就像一些地下的或以国外为基地的电台、卫星电视和音像制品所做的事一样。

公共广播 这也属于媒体责任体系吗?是的,因为至今它仍致力于公共服务。它的存在也表达了对以谋利为目标的广播的谴责。在公共广播节目里不会每十分钟就被广告打断,没有低级的蛊惑人心的娱乐节目,没有被跨国公司筛选出来的新闻节目,通常商业媒体的大部分收入依赖于这些大型跨国公司。公共广播带来的是真正的竞争,能产生极好的效果,这样的例子在英国和日本都找得到。

二 个人和团体

管理机构 因为这种国家级委员会不接受来自政府的命令,其首要任务是保护公众,因此它基本上可被视为媒体责任体系的体现。这样的委员会,如法国的视听业高级委员会(CSA)及美国的联邦通讯委员会(FCC),会在它们的告诫或报告中揭露广播里的各种错误、欺骗、追求轰动效应等种种不良表现。这种委员会也受理投诉,这有点像报业委员会。然而,这类委员会的使命是执行国会制定的原则。所以,它们只能游走于道德的边缘。

在英国,广播标准委员会是根据1996年广播法的建议而建立的,并被赋予准司法机构的权力,即它能处理来自听众或观众对公共和商业广播的投诉。它有权查询节目记录,听取节目制作人的申辩,如有需要,发布它所得出的结论。

媒体记者 媒体总是倾向于家丑不外扬。但既然媒体已成为当今社会中枢神经系统之一,公众就需要了解媒体。要有一些记者专门做这方面的工作,很好地报道以及不妥协地调查媒体。这方面最著名的专家是大卫·肖(《洛杉矶时报》记者,1991年首位普利策媒体批评奖获得者)。他的许多长篇报道(比如关于体育记者或新闻与警察关系的报道)的性质介于新闻评论与学术研究之间。

内部评论员 在美国,有些报纸还雇有内部评论员。日本人从 1922 年起就有"报道内容评价委员会"(shinshashitsu),主要报纸、通讯社、日本新闻协会(NSK)总部,以及报纸出版商协会等都设立了这种委员会。每天都有一组记者对报纸和报道里面是否有违反职业道德的内容进行仔细的检查。有时,他们也处理读者来信和各种投诉。在这里,你能见到新闻业里的"质量管理",正是"质量管理"让日本货在世界上赢得了良好声誉。

道德培训 这些内部评论员有时也要承担员工的职业道德规范的培训工作。这种培训也可以通过由对职业道德有成熟考虑的记者组成的"道德委员会"进行。他们可以针对发生的问题提出自己的看法,如果需要的话,他们还会召开专题研讨会,起草一部职业道德规范。另外还有由编辑和记者共同构成的"编辑委员会",也可以对新雇员进行简短培训。对某一份报纸而言,也可以像当年《费城探索者报》所做的那样,经常从外界得到职业道德的培训服务。

调查员 通常,调查员都是由资深记者担任,他们或受雇于某家报社,如美国的《华盛顿邮报》或西班牙的《国家报》,或受雇于某家电台或像加拿大广播公司那样的大机构。调查员的任务是听取读者和观众的意见,调查他们的投诉。对重大案件,要在每周栏目里公布他们的调查结论。他们需要得到同行的尊敬,对他们的上级,他们应无所求,也不惧怕。他们还有一个名字,那就是"读者的辩护律师",他们为公众敞开了大门,从而证明了媒体是随时准备接受批评的。这种媒体责任体系的好处是人们容易接触,反应迅速。它的问题是,如果要有效地开展工作,调查员必须做到既不能被看作是媒体的律师,也不是消费者的发言人,这是一项难度很大的平衡工作。

首位"调查员"是在1967年由《路易斯维尔信使日报》任命的。实际上,最早的还可以追溯到1913年由约瑟夫·普利策创立的"准确和公平竞争局",约瑟夫利用它来处理读者对他的纽约《世界报》的设诉。

1989年,一位极受尊敬的美国出版商R.钱德勒,提出建立一种类似的媒体责任体系,即设在报社内部名为"仲裁小组"的机构,以处理诽谤之类的事情。机构的人员由外面的专家组成,专家对案件的最后调查结果要予以发表。

联络委员会 在美国,第一个这种媒体责任体系是"新闻自由与公平审判委员会",它将新闻记者和律师组合在一起,以帮助他们能互相了解对方的要求,以此防止官方钳制舆论,例如,英国媒体就被以确保公平审判为借口而被钳制过。二十世纪七十年代,法国的一些记者协会,地方官员和警察也成立了类似的委员会。如果冲突可能损害公众的利益,那么记者应该与任何可能和自己发生冲突的团体建立起联络关系,比如和新移民组织,以及各种抗议团体。

当地新闻委员会 这个术语适用于社区公民代表与媒体领导之间的例会(经常是每个季度一次),这种例会由某个外界机构发起,如某个记者学校,某个消费者协会,更经常的是由出版商协会发起。这种例会给媒体用户提供了一个表达他们不满和希望的机会,他们也可以藉此了解媒体运作过程,因而对媒体也会变得比较宽容。

多年来,美国伊利诺斯州皮奥里亚市的《每日星报》总是在其二十一个发行区的每个区请一位家庭主妇随机地询问她邻居关于报纸中喜欢或不喜欢的内容。在报社,新闻委员会的成员每月一次在午饭时会报告他们的调查结果,次日在报纸上会用一两个版面发表这些内容的综述。

与之类似的是"消费者评判委员会",其十几个成员由市场中有代表性的读者或观众组成。媒体一次性地或定期地征求他们对媒体的看法。每次活动都付给参加者报酬,讨论也由经验丰富的人来主持。

全国性或地区性新闻委员会 在北欧语系、德语语系和盎格鲁－撒克逊语系的民主国家都能见到大家所熟知的媒体责任体系,此外在如印度、智利、加纳、以色列和爱沙尼亚等国家也能看到。通常,新闻委员会能将报界资方代表、记者代表和公众召集在一起,调查对媒体的各种投诉,以捍卫新闻自由。它的唯一武器就是发表他们作出的判断。

与媒体有关的非政府组织 有些"质量管理"工作,偶尔地或定期地是由一些与媒体有关系的组织来做的,如工会(像法国的全国新闻记者工会)、类似行会的协会、非政府组织(如杰出新闻项目)、独立的基金会,如在美国由新闻大亨创立旨在提高教育、研究和其他改进方式的基金会,比如自由论坛。在二十世纪六十年代和七十年代期间,这些各式各样的组织在媒体责任体系的创建和成长方面做了大量的工作。但在法国,像哈瓦斯通讯社、阿歇特出版集团,或持有媒体股份的像维王第这样的大型集团却没有设立这样的基金会。

媒体观察中心 这是一种研究媒体行为,并将媒体的各种过错公开发表出来的研究中心。这类中心可能是学术性的,但尤其在美国,它们常常是激进好斗的。它们可能属于左翼,更常见的是右翼。它们有的是专门组织,有的不是。它们总是竭力证明媒体歪曲新闻,毒害公众的心灵。1976年以来,一项值得注意的工作是由美国加利福尼亚索诺玛州立大学的卡尔·杰森创立并主持的媒体监督工作。这是由一个媒体批评小组每年选出的"10条最佳被审查新闻"。这些新闻都是重要事件,但是出于种种明显的原因,媒体并没有给予充分报道。

激进公民组织 这可能是一些行为偏激、目的单一的组织。例如,它们会将自己不喜欢的电视节目和赞助这些节目的广告商公布于众,这一招往往奏效。它们至多是一些媒体用户组织,试图利用群情激昂的各种集会、征集签名运动、民意调查、系统评估、向立法委员呼吁、向各种管理部门投诉、诉讼以及联合抑制等手段来对传媒施加影响。

在1968年的美国,代表儿童利益而开展的"为儿童的电视而行动"运动取得了显著的胜利。在法国,一个名为MTT的组织在联合国教科文组织支持下于1996年在巴黎主办了来自欧洲和加拿大的观众协会代表大会。在很多不同的地区,如尼日尔河地区,在刚刚过去的这些年里,成立了一个由很多电台俱乐部组成的协会,该协会组织很多听众收集并传达他们对传媒的批评和建议。

纪律委员会 这种委员会可根据记者通则(如意大利的"新闻记者通则")或由类似行业协会的组织(如美国的报纸编辑协会)成立,在欧洲则通常是由记者工会成立。但经验表明这种委员会谨慎有加,严厉不足,总是倾向于为其成员寻找开脱的理由。

编辑协会 媒体所有权为其职员全部拥有的情况是很少见的(在私有化后的斯洛文尼亚,很多报社出现了这种情况),但至少从理论上说,某个记者协会拥有其公司的部分股票则是比较容易的,这不是为了投资,而是为了在编辑方针决定过程中有发言权。首先引起注意的是1951年《世界报》出现过这种事。这种协会存在于法国各公共广播机构里,但只是在危机时期才积极活动。这种质量责任体系不常见。

用户协会 更罕见的情况是不同的公民组织持有某一传媒的股份,然后要求在其管理工作中有发言权,像巴黎《世界报》的"读者协会"那样。加拿大曼尼托巴省有线电视系统发生过的一件事就是一个非常著名的例子。当地的媒体用户在与一些试图攫取数百万加元利益的大公司的抗争中取得胜利。他们是通过在各个社区的年度网络系统管理部门选举中取胜而做到的。

三 方法

高等教育 一个边干边学的记者,或一个严格来说只受过职业学校培训的记者,想不成为那种惟利是图的小文人都是件很难的事。即使成了高级记者,也免不了对等级制度和对重要人物卑躬屈膝。他考虑太多的是个人利益,太少的是职业道德。

这种危险在二十世纪九十年代的非洲和东欧是很明显的。那些一下子取代了极权制度媒体权贵们的新一代记者们常常在新闻专业和职业道德这两方面都不能胜任。

现在法国和美国的四分之三的年轻记者们已经上过大学。媒体从业人员与学院派学者之间的对抗在不断降低。大学与政府或商业机构相比，要更加独立。大学除了能给媒体责任体系提供众多的专家和意见外，还提供了一个坚实的基础。

大学缺少的是资金，各地的媒体公司应该在财力上鼓励其专业人员接受高等教育，像美国做的那样，如向学校提供款项，提供继续教育奖学金，提供研究经费。

继续教育 每个记者都需要在一个专门领域提高自己的能力，有时要走出编辑室一段时间，思考自己的工作和与之相关的责任。比方说可以参加一个星期的学术研讨会，或到学校学习一个学期，甚至一整个休假年。由媒体大亨约翰·奈特创立的新闻记者奖学金现在每年可使大约20名新闻记者到斯坦福大学进修研习。此外，还有哈佛大学的尼曼奖学金。

职业协会、记者学校或各种非政府组织可主持为期一天的研讨会（在报社内或报社外）。研讨会上可利用实例分析或扮演角色等方式，增强记者对其责任的认知，指导他们处理信息来源、雇主和公众之间的关系。

学校中的媒体教育 生活中，人们花在媒体上时间已经足够多，足以使他们知道媒体是什么，知道如何为了他们的利益来使用媒体。要认真地向儿童讲授有关媒体的结构、媒体的内容、媒体的影响等方面的知识。这样做要比由新闻业赞助的报纸上教育节目的影响大得多。要训练学生们聪明地进行传媒消费,甚至可以让孩子们在中学校报或学校广播站里工作。

咨询用户　自二十世纪九十年代起,美国报业兴起"读者电话来访之夜",就是某一天晚上,各部门编辑接听读者打来的电话。还有其他的形式,如记者利用午休时间与来宾一起谈论他们在社区里的各种活动。

新闻从业人员与公民更经常地是在一些新闻俱乐部里见面。或者报社组织一些"市镇会议",会上记者可向当地居民询问他们所关心的事情及他们对当地媒体的希望。而后记者可以帮助他们行动起来,解决他们的问题。随着互联网的发展,这类交流也越来越多地在网上进行。

民意调查　电台完成商业化的时间较早,知道须要向广告商提供自己听众的规模和特点,电视后来也是这样做的。直到二十世纪六十年代,印刷传媒仍满足于只检查自己的发行量。如今,竞争愈发激烈,所有媒体都希望知道哪些人群属于自己。它们想知道每一层次潜在听众及观众的看法、需要、渴望是什么,以便更好地迎合他们,也好有针对性地向广告商销售。

这种做法的动机虽然是商业性的,但是其效果却是符合媒体责任体系精神。在著名的开创者拉扎菲尔德之后,评论员们经常把(为媒体所做的)"管理方面"的研究与(为大众所做的)"批评方面"的研究作对照比较。事实上,两者有很多的重合之处。

道德审查 任何新闻媒体都需要时常地对其职业道德状况进行检查。自己的报道是不是准确?有没有偏见?所有员工是不是都知晓、理解并执行内部的各种规章制度?听众或观众对自己的服务有什么看法?自己与公众的联系是不是足够且有效? 怎样做才能让现状变得更好? 简单检查一下就能帮助提升意识并改变行为方式。

非赢利研究 这类研究是由大学或独立的机构完成的,如法国斯特拉斯堡的"欧洲视听观察所",或设在纽约的"媒体研究中心"。美国有很多由基金会资助的"思想库"。所有"思想库"雇用的专家都有很精深的专业研究造诣,尤其以做经验型研究见长,能提供准确的数字。媒体批评不再简单地依靠偶然的各种实例和不同的轶闻。关于媒体职业道德方面的争论经常是打口水仗,互相来往的是含糊不清的指责和凭印象开展的反驳。现在人们需要的是具体的数据,这些数据来自对满意和不满意的分析,来自对听众或观众的调查,来自对历史比较的分析。

这些研究在以下方面尤其必要:(1)察觉被媒体忽

视的报道和被媒体长期歪曲的报道；(2)评估媒体对社会的影响，尤其是长期影响，据此可以给出如何改进的建议。

以上介绍的是媒体责任体系的种类，也可以按其来源如下表那样排列：有些功能是媒体内部的，有些是媒体外部的，还有一些则要求媒体与公众的合作。

内部的媒体责任体系	
更正栏目	职业道德规范
媒体记者	职业道德审查
内部评论员	纪检人员
纪律委员会	民意调查
媒体版面和节目	新闻记者拥有股份的公司
内部备忘录	
外部的媒体责任体系	
记者评论	高等教育
另类媒体	学校的媒体教育
评论报告和图书	消费者组织
公开声明	激进公民组织
与媒体有关的非政府组织和基金会	用户拥有股份的媒体
媒体观察所	公共广播
非赢利研究	管理机关
与外部合作的媒体责任体系	
读者来信	联络委员会
公众通道	当地新闻委员会
付费的评论版面	全国性和地区性新闻委员会
准确公正的问卷	继续教育
咨询用户	电影或电视连续剧

第三节 两种特别的媒体责任体系

新闻评论期刊 最著名的新闻评论期刊是1961年哥伦比亚大学新闻系创办的《哥伦比亚新闻评论》，不过，不管是新闻评论开拓者 G. 塞尔德斯创办的《事实》（1945年—1950年），还是在新闻评论黄金时代（1968年—1975年）创办的如《芝加哥新闻评论》都是由一群充满激情的在职记者们创办的。后来，这些刊物由于缺乏资金，缺少读者，缺乏全心全意投入的工作人员等原因，没有继续办下去。《美国新闻评论》(前《华盛顿新闻评论》)和《圣路易斯评论》已经移交给大学。到了二十世纪九十年代，非校园新闻评论刊物都是有政治倾向的，如左翼的《号外》(1986年)和主要偏于右翼的《媒体监督者》。

在1968—1975年间创办这些新闻评论期刊的记者们几乎没有得到来自与媒体有联系的那些机构的鼓励，记者们本来期望在这场运动中能够得到它们的支持。新闻俱乐部也没有表示出什么兴趣。那时新闻评论的创办者们往往都是其所在工会里的激进分子，因此工会也只是同意劝说地方分会给这类新闻评论期刊以财政支持。另一方面，创办者们通常是在有工会的报社工作，因此受到了一定的保护。新闻及大众传媒教育者协会对新闻评论也不感兴趣。当时调查的60家新闻机构中，只有12家支持这项运动。只有一个全国性基金会给予资助。商界那时比媒体这小圈子要慷慨得多。

然而主要障碍是记者群体规模太小，公众对此的兴趣也不大。在一个有五十万或更多居民的城市里，大多数新闻评论类期刊只能售出五百到两千本。杂志的收入非常少。多数这样的刊物是由一小群记者经营的，他们是理想主义者、有勇气、有较多的自由时间、或更简单地说，与其他同事比他们没什么可怕失去的。可是，他们对管理经营期刊却不在行。慢慢地，他们的热情熄灭了。结果通常是没有热情或没有能力将这类期刊再办下去。

第二个主要障碍是出版商、编辑和许多记者的傲慢和偏执。他们对批评非常反感，甚至不给这类刊物一点点走向公众的机会，结果是这种期刊始终不为普通公众所知晓。有些报纸管理人员对参与此类刊物的员工十分不满，大叫这是叛徒行径，并对他们采取封杀手段。当然，不能说这是普遍的行为。有些编辑就与当地的新闻评论期刊在其"读者来信"栏目中开展对话。

新闻委员会 这种想法最初起源于瑞典（1916年）。1928年在国际劳工组织的一份报告里再次出现，接着在1931年新闻记者国际联盟制定的"荣誉法庭"计划中又一次出现。1947年哈钦斯委员会再次提起成立国家新闻委员会的想法。1953年英国成立了它的新闻委员会，之后这种委员会就成了世界各地的模式。

现在有各式各样的新闻委员会。例如在加拿大，由于这个国家地域广阔，便以省为单位建立新闻委员会。各委员会之间又因其创立、发起者、成员人数、程序、预算、权利等的不同而有所不同。为了帮助读者了解，现将这些委员会分为如下几类。

不过，警告在先，有一些并不是真正意义上的新闻委员会，因为它们的构成包括有政府的代表，其任务是钳制新闻。还有一些委员会只是部分意义上的新闻委员会，因为没有业外人士参加。在最好的情况下，新闻委员会由出版商和记者组成，像在德国和奥地利那样。更多的情况是，这些委员会仅仅代表了一个群体，如在日本只代表出版商，比利时和瑞士则代表记者。

真正意义上的新闻委员会应包括传媒用户，其人数应占总成员人数的三分之一到二分之一。理想的是，这些委员会应该使用一切可能的手段去改进新闻业。正像英国新闻委员会章程中规定的那样，新闻委员会至少应做到：

（1）保护业已建立的英国新闻自由。

（2）按最高职业和商业标准维持英国新闻的特点。

（3）倾听任何对新闻界行为、对个人或组织行为的投诉，用一切实用的、恰当的方式处理这些投诉，并将处理结果记录在案。

（4）任何事态发展若可能限制提供公众感兴趣和认为重要的信息，都要给予不间断的监视。

(5) 对可能导致新闻行业集中或垄断（包括新闻企业的所有权、控制权和发展的变化）的事件和进展都要公开报道。此外，要公开发表相关统计数据。

(6) 在适当的时候，应向英国政府、联合国机构和国外新闻机构作陈述。

(7) 定期出版记录委员会工作的报告，经常对新闻业的发展和影响新闻业发展的因素给予分析评论。

不幸的是，到目前为止，新闻委员会最多只从事了它的两项使命。其一是帮助媒体为保卫新闻自由而战，其二是帮助媒体向公众作情况说明。通常新闻委员会只限于做第二方面的工作。

批评和障碍

7

第一节 各种批评

对道德规范的责难 有人认为在法庭上媒体职业道德规范中的一部分可被用来反驳它的另一部分,并指出这种情况有可能在德国道德规范中找到。事实上这种情况在象牙海岸和爱尔兰已经发生过。在美国,报纸的律师们会建议报社不要采用道德规范,他们担心由此引起诉讼,尤其引起诽谤诉讼。

实际上,可以用道德规范去展示一个有声望媒体的诚意,因而说服那些陪审员。此外,大媒体公司能够承受长时间的诉讼案件,直到最后赢得诉讼,或拖到原告放弃诉讼。因此,通过道德规范以及媒体责任体系,媒体能够接触到那些无钱无势的人的意见,而用不着到法庭上诉诸于法律手段。

另外一种常见的指责是说职业道德规范

虽然只是薄薄几页,但却威胁着新闻自由。这种指责可以被认为是一种歇斯底里的反应,是某些人玩弄的招数,要保证自己赚钱的自由不受任何约束,甚至不受道德的约束。在上世纪九十年代,斯堪的纳维亚各国议会的确考虑过职业道德法律化,只要媒体行业接受这些规范。后来事实上只有丹麦这样做了。这种立法虽然能解决强化执行方面的问题,但却打击了职业道德概念和自律概念的核心意义。

还有一种严厉的指责,就是媒体职业道德规范除了罗列一堆模糊不清的禁令和一串乌托邦式的理想外,没有什么真正内容。如果看过美国的电视,再去读老的美国全国广播工作者协会章程,无论是谁都不会相信自己的眼睛。同样,如果你比较过前苏联的新闻记者道德规范及前苏联当时的现实情况,你会觉得哭笑不得。

在有些职业道德规范里,你可以找到这样一些没有实质意义或缺乏正当性的句子。比如"新闻记者的作用就是讲述真相",这话听起来很动人,但是真相是什么?无数的事实真相从来也没有报道过,也没人为此感到什么不合适。还有"公众有权知道真相",这种权利的基础是什么?再如"公众有知情权",这是否意味着公众有权得到肯尼迪前妻在希腊海滩上裸体散步的照片?

对职业道德规范还有这样的指责,职业道德规范似乎只反映了记者的世界观,而且(在发达国家)主要是男人的、受过高等教育的人、城里人、收入不错的人的观点。道德规范往往不考虑妇女、穷人以及少数民族所关心的问题。在西方世界之外这种现象更为明显,如印度,那里的记者西方化了,属于社会上层,再如韩国,那里的记者只有百分之五是女性。

不管在什么情况下,没有"牙齿"的道德规范还有什么用?各种协会、同业公会和工会正式通过了某种职业道德规范之后,都提出了一些制裁措施(例如开除),可是却很少使用这些制裁措施。正如以下所述,传媒界对媒体责任体系并无热情。媒体资方和新闻记者两方都需要在公众不满和政府怨言的强大压力下,才可能开始考虑加强道德规范的执行工作,比如通过新闻委员会的方式。

最后,没有将权力关系考虑在内的道德规范会有什么用?有些章程里这样写道,记者不应接受与其职业道德相冲突的任务指派。作为记者个人来说,做到这一条是很困难的,尤其在经济不景气的时候。只有大牌记者能承受得起为一条非关键性的行为准则而牺牲一份很好的工作。看起来记者们必须为他们的道德规范寻求一些保障,办法是争取更多的自治权,参与编辑部的管理工作,将职业权利明确写入雇用合同里,或将一些职业道德条款包括在正式认可的职业身份中。在法国,"道德条款"(1935年,第29款)允许记者在媒体导向和管理层发生变化,而这种变化使该记者从道德良心上觉得不能继续在该单位工作下去的情况下,可以离开该工作而获得裁员费和其他补偿。

来自左翼和右翼的批评　在这两种极端的政治派别里,没有一方是赞成新闻自由的。他们视道德规范和媒体责任体系为幼稚的民主人士的可笑发明,显然他们对道德规范和媒体责任体系是极为轻视的。他们认为,为了保卫"国家"或"人民",你就是要控制媒体,要么像法西斯政权那样动用警察力量,要么像左翼主张那样,将其全部占有。

法兰克福学派的追随者们及文化批评运动的支持者们似乎将媒体用户看作是一些被亿万富翁置于掌股间的玩偶。这些亿万富翁拥有大部分传媒,或传媒的大部分广告收入由他们提供,因此可以想像这些亿万富翁们是能够操纵媒体报道内容的。然而,持这种观点的人忘了将其批评的目光投向东方,投向至少在1991年以前不是资本主义新闻体制的苏联,如果看到了那些,这种批评观点的可信度则大打折扣。

置于极端自由主义者,他们认为所有关于媒体的法律和规定都是多余的,职业道德则是反对言论自由和反对自由企业的共产主义阴谋。新闻记者们有权不去理睬,记者只需要对自己的良心负责。按照他们的观点:如果哪个媒体不为公众服务,请相信市场的力量会将其淘汰。

来自现实主义者和愤世嫉俗人士的批评　真实的世界是如此复杂,情况也肯定千变万化,通用准则可能对某一具体情况并不适用,特别规则也不可能涵盖各种情况。道德规范不可避免地过于含糊不清,若干年以后,新闻委员会审查案例的工作量也将是巨大的。记者若想作出一项决定,匆忙中他不会到职业道德规范书籍中寻找帮助。总之,记者们自己之间在道德准则问题上还没有一致的看法。

要执行道德规范,则需要每一个人的参与,每个人都有意识地置身于其间。媒体用户们是没有组织的,一般认为他们也没什么权势,对媒体世界也知之不详。媒体资方则有太多其他事要做,他们主要考虑的是公司如何生存、如何发展壮大。应该注意到,大型媒体通常比小媒体更加注意职业道德,这是因为它们比较有钱,与公众及与广告商间的关系上也比较独立。

至于新闻记者,为公众服务不是他们生活的唯一目的,这是很自然的。他/她也追求的是影响、名誉、晋升、金钱。在比较贫穷的民主国家,如印度或俄罗斯,大多数记者根本顾不上考虑职业道德。他们忙碌于维持自己的工作,忙碌于挣几个小钱,或若与腐败挂上了钩,就忙于挣大钱。在很多拉美国家,大多数新闻记者如果不找一份第二职业(甚至第三职业),生活就无法维持,这些第二职业经常是与广告商或可能的新闻来源有关。即使在富裕的西方民主国家里,为了追求事业发达(有的则仅仅为了生存),也必须广结善缘或屈从于一些善意的压力。

来自媒体资方的批评 他们中有些人是真诚地觉

得应该对公众负责。有些则是意识到这种质量管理工作会带来回报。然而他们当中还有许多人认为,有法律就足够了。任何媒体责任体系都是对他们财产的侵犯。他们认为,谁手里有球,就由谁制定游戏规则。如果哪位公民不喜欢传媒的服务,那让他买别家的报纸或换别家的频道。如果这些老板赞成某项媒体责任体系,那一定是把这项媒体责任内容包括在其公关策略里了。

公营或私营传媒的管理人员对媒体责任体系之所以缺乏热情,一个原因可能是,他们在理解媒体责任体系时,看到了它的这样一种发展迹象,即制造者和消费者(记者和大众)将逐渐参与对媒体的控制,这种看法并不是完全错误的。

来自专业人士的批评 今天,记者们并没有采取一致的态度,他们有些人觉得职业道德规范无关紧要,有些人则过度敏感。1994年,当北美执行编辑协会(APME)询问其会员对1975年颁行的、比以往版本更详细、精确和严格的职业道德规范的看法时,有39%的人表示赞成,36%的人表示反对。有些反对者,尤其是一些年长的记者们认为这种自律形式的规范就跟化妆品一样,是用来粉饰媒体的外表,对大众是一种欺骗。还有,一些反对者认为,这只不过是政府对媒体步步试探、得陇望蜀的做法。

在任何国家,总有那么一两百个记者凭借着与决策者们过从甚密的关系而能呼风唤雨。这些明星中的大部分认为道德规范不在他们考虑的范围之内。他们利用他们的位置攫取金钱(很多的金钱)和影响。他们甚至声称他们有足够的良心去领导行业。

第二节 障碍

至少可以这么说,道德规范,或质量管理,并不是一种简单的、适用于全球的解决所有传媒问题的方法。如果这真是一付万能药,那么在任何地方你就都能看到媒体责任体系了。事实上,现在真正运行的媒体责任体系是很少的。只有在美国,那里几乎所有的地方都出现过媒体责任体系,但很多却没有生存下来,绝大部分没有得到发展。在1999年,美国当时只有三十名纪检人员,却负责全国一千六百家日报,七千五百种周刊,一万两千个广播电台,一千五百家电视台和两千种消费类杂志。就这样,大多数人还觉得挺满意。

媒体责任体系得不到充分发展的原因是它遇到很大阻力。任何行业都不喜欢新生事物,尤其当它威胁到人们的权力和声望时,更是这样。质量管理所遇到的障碍是无知、不理解,更严重的是人的本性和媒体责任体系的性质之间的矛盾。

一 未经证实的反对意见

政府接管的威胁 人们经常担心政府会利用自律

机制来限制言论自由，尤其在美国，人们更是如此。例如，他们觉得政府会把新闻委员会变成"星室法庭"（英国历史上由查理一世和詹姆士一世创建，以专制暴虐闻名，1641年关闭——译者注）。可是，这种担心从未被证实过。即使在印度也未出现。印度的新闻委员会是由法律要求建立的。当年印度总理英迪拉·甘地宣布国家处于紧急状态时（1975年至1977年），一个很有趣的现象是，她采取的三项新闻措施中之一就是停止新闻委员会的工作。

毫无价值 有些人坚称"好"的媒体不需要质量管理，因为这种媒体的雇员在工作中自然会遵守道德规范。至于那些"坏"的媒体，它们不会接受质量管理，它们既不会在内部采用媒体责任体系，也不会接受任何来自外部的制度。英国新闻委员会就是被一个特别没有职业道德的走红传媒给慢慢毁掉的，这个传媒后来接受了新闻投诉委员会的处理意见，其唯一的原因是这个媒体当时担心英国议会有可能设立一个具有法律效力的委员会。此种论点是有道理的，只不过大部分媒体和记者既不是一切都好，也不是一切都坏，他们需要"地图"、"指南"和"扶手栏杆"。

公关之虞 有人声称，媒体在质量管理方面做的所有努力全是假的，媒体是在假装关心公益服务，而实际上关注的依然是最大利润，某些媒体则热衷于宣传鼓动。不可否认,皮奥里亚市新闻委员会的确是由报社公关部门创立并管理的。但奇怪的是,这一成功商业模式却无人仿效。同样奇怪的是,尽管在实施媒体责任体系的地方大众都非常欢迎,但是目前其他类型的媒体责任体系仍然很少。

党派对抗 有少数批评家认为,职业道德规范不过是一些极左的反媒体分子所使用的面具而已。当然,在一个保守守旧的社会中,大多数批评现状的人势必属于进步一方。但甚至在美国,一些最有敌意的批评者是站在右派一边的,像一个名为"正确媒体"的组织自二十世纪七十年代起,不断地在期刊、广告和广播节目里指责美国大型媒体有左的倾向。事实上,当一个媒体责任体系包括有公众成员时,经验表明他们从来不会有计划有步骤地反对媒体。

无知 这种障碍很容易清除。每个人都听到过职业道德,但媒体圈内和圈外的大多数人从来没有听说过还有很多媒体质量管理体系,这些体系已经被人们创立,试验过,已证明是有效且无害的。对这种无知,媒体应该受到谴责,因为媒体在了解媒体责任体系方面没有做过努力,并一直拒绝宣传它的活动;如《圣路易邮报》,尽管其自由派名声在外,但它二十年间里从未提及《圣路易新闻评论》。直到现在,大部分媒体甚至还拒绝就职业道德进行讨论。

二 真正的障碍

记者的依赖性 一个专业人员除非是名人,从而被老板另眼看待,否则必须服从指令以使自己的文章得到发表、使自己的工资得到提高或使自己得到晋升。在第三世界里,以及富裕国家处于不景气的时候,记者承受不了任何危及自己工作的风险。除非他们能受到法律很好的保护,有很好的组织,或受到大众有力的支持,否则他们没法因为职业道德的原因而与老板对抗。

保守主义 法国最大的记者工会"新闻记者全国工会(SNJ)"在1990年关于媒体职业道德的白皮书里指出"一个行业的同业公会式的、保守的本能反应是声称自己拥有普遍的批评权利,但是同时又以自冠的牧师身份,回避任何形式的质询。"和其他人一样,媒体从业人员也不喜欢变革。所以,只有对他们施以强大的压力,有时甚至有点胁迫时,他们才能进行改革。通常,只有在担心国家立法机构出面干预的情况下,媒体资方和专业人士才会主动采取自律行动。

小团体行为 新闻行业会反击任何来自外界的批评,这并不令人吃惊。但似乎只有新闻行业采取的自律措施如此之少。一家法国大型杂志的总裁曾经在1993年对"维尔曼案件"报道的情况发表了这样的看法,他说"新闻界没有必要为自己的报道感到羞愧。记者只是做了记者的工作。我们不应对自己作评价"。在美国,人们从辛普森案件和乔贝尼特·拉姆塞案件上看到了同样的反应。狗不咬狗,对媒体来说,互相批评依然罕见,对新闻记者也是一样。新闻行业与其他行业一样,有时团结的紧密程度差不多可以称得上是共谋了。黑手党成员拒绝作证的做法是在保护罪犯。他们不谴责管理部门,很少站在职业协会纪律委员会面前作证。已经有人说:对媒体责任体系的习惯性对抗可与官僚,特别是大公司官僚的集体反应相提并论。他们不能容忍大众介入到他们自己的小圈子里来。

爱恋权力 媒体资方和专业人士都明白或都认为,他们掌握着权力。他们喜欢"第四等级"、"新闻统治"或"新闻帝国"这样的观念,认为自己仅仅不发布信息,就能发挥影响。他们不愿意与别人分享这种特权。

傲慢自大 无论专业人士是否真有能力或勇气,他们总是自以为是。一些有名气的记者总是拒绝承认他们的错误,尤其是当公众指出他们的错误时更是这样。在他们眼里,公众知之甚少,什么也不懂,只不过是一些自私自利的人。1986年,国际记者联盟拒不修改该联盟1954年波尔多宣言中的这样一句结束语,"新闻记者在职业活动中将只接受自己同行的评判,拒绝一切其他方面的介入,不论它是来自政府还是其他方面"。他们认为任何外界的批评和建议都是对其圣堂的侵犯,在圣堂里,他们是发布信息的祭司长,只遵从神的意志。事实上,他们接受同行批评的情况也好不到哪里去。什么样的权威、哪些优良品德给了他们这种抵制评判的特权?通常,正是记者们自己反对在编辑部里引入纪检人员。

新闻委员会有时甚至无法将它们的声明公开发表。加拿大蒙特利尔的一份很有水准的日报《义务报》在得知新闻委员会投票谴责该报的一些做法时,竟然脱离了魁北克新闻委员会。不幸的是,巴黎一份颇具水准报纸的高级编辑在其后的一份声明中说:"我不承认报社以外任何人有权对我说我该做什么或不该做什么。"面对复杂的真实世界,人们应该表现出谦虚的态度,尤其是新闻记者在他们所涉及的领域中通常并不是什么了不起的专家。

过度敏感 杜鲁门总统曾经说过:"如果你不能忍受高温,那就到厨房外面待着"。的确,媒体从业人员如果选择了在聚光灯下工作,他们中的一些人就要经常与政府和商界领袖周旋,他们会发现忍受批评将是极端艰难的。有些显然伤害到脆弱的自尊心,可能是因为与名人社交往来,自己已经不成比例地自我膨胀起来。新闻记者在私底下经常贬损这个行业,甚至贬损他们自己。这让人怀疑记者们敏感的虚荣不太会掩盖住他们那种复杂的自卑感。随之而来他们对受嘲笑的恐惧就能解释这个行业里为什么那么盛行深藏不露、消极悲观以及玩世不恭。

成本 创立媒体责任体系的最后两个障碍是非常具体的。与前面提到那些障碍相反,这两个障碍不能简单通过培训、协商或经验来解决。首先,大部分(尽管并非全部)是运作和宣传的开销。

例如,纪检人员,需要是一个经验丰富、受人尊敬的记者,这就是说此人一定是一个酬薪优厚的雇员。新闻委员会最关键的就是要获得足够资金去维持高速运转,这一点完全有别于法院系统。足够的资金也能够确保其发挥全部职能,而不仅仅限于一个仲裁角色,也可以让大家知道它在发挥职能。

国家只能给提供一小部分所需的资金,因此没有媒体资方的财务资助,媒体的质量管理措施是无法落实的,然而资方是不会情愿出这笔资金的。尽管媒体责任体系不会在任何方面影响资方的获利,但它的确会威胁到资方的权力,因为媒体责任体系的确会给予大众发言权并往往会加强记者们的自治。

媒体责任体系其实是一种很好的投资。所有大型商业公司都花大量金钱去提升自己在公众、政府和法院面前的形象。几年前,它们就发现了职业道德规范的好处,然而很多媒体至今还是宁愿把钱花在购买技术设备和增加奖金上也不愿意投在媒体责任体系上。

有些媒体没有额外的资金。"社会责任"就成了一项十分艰巨的任务。例如,有些报纸无法禁止记者接受某些公司提供的旅行费用。一家著名法国日报的创始人兼总编辑建议新闻记者接受款待,然后按这位法国人的说法再"在汤里吐口痰",即回过头来再去批评那些提供款待的公司或机构。当然这也是一种选择,但却不太得体且充满疑义。

时间 最大的障碍表现在两个方面,一是质量管理耗费时间,而传媒界却是时间不够用。二是质量管理需要一段较长时间才能发挥功效。最好的方法是教育,而教育的成果是在很多年之后才能显现出来的。此外,大部分媒体责任体系需要专业人士和公众逐渐习惯这种体制,这也需要很长时间。

一个根本性的缺陷 没有十全十美的媒体责任体系。仅举几例,比如新闻委员会制度太过复杂,道德规范太软弱,设置纪检人员太昂贵,教育效果太慢。但是,这些不足与职业道德方面的重大问题相比,就相形见绌了。它会转移那些决定媒体行为的人们的注意力,就像在美国经常做的那样。很多决定自然是由高层人士而不是由普通员工作出的。所采用的主要标准是经济上的,而不是道德方面的。换句话说,承担重要责任的并不是新闻记者。

记者封杀一条报道以换取贿赂,这无疑是不道德的。但是,如果一家电台宁肯增加利润也不愿意多雇一个记者来以加强本地新闻的报道，这又怎么说呢？的确，记者接受礼品或好处的行为是违反了职业道德。但是，媒体为了抓住广告商而允诺用编辑撰写的材料去烘托广告，这又是什么行为呢？

举一个二十世纪八十年代早期的重大新闻丑闻为例，《华盛顿邮报》记者珍尼特·库克写了一篇系列报道，讲的是一个有八年海洛因吸毒史、名为吉米的人的故事，为此获得了普利策奖。事实上，报道中那个叫吉米的人是她杜撰的。这种行为与职业道德相违背，但她太想在头版署名，晋升，得奖了。她知道什么东西能取悦于人，一条与众不同的社会新闻报道。她也明白什么东西倒人胃口，那就是太多的关于黑人街区贫穷和毒品的报道。于是她撒谎了。但是在评判她之前，人们不应该忘记那几百家肥得流油的美国媒体，这么些年来它们一直忽视非洲发生的饥荒和疾病，因为派遣记者去那儿的费用是昂贵的，更主要的是它们知道它们的顾客没有给过第三世界一文钱。

侵犯遭受不幸家庭的隐私是不对的，将所有妇女视为无知的人或家庭妇女，或不准确引用他人言语以歪曲其实际意思也是不对的。这些都是职业道德学术研讨会上讨论的问题。读者或观众对记者犯的这类错误是十分清楚的。但这些错误积累在一起，令人遗憾的程度就十分可观了。然而，同样是违背于服务公众的做法，这些违反职业道德的行为能比得上许多媒体公司违反职业道德的行为吗？例如，这些公司为了保护其对早期媒体的寡头垄断，阻碍新技术的发展达数十年之久，就像发生在美国调频、超高频和有线电视等技术上的那些例子那样。再如它们封杀所有可能激怒它们的广告商或其他商界人士的新闻。

一个公司要是缺少良心，就谈不上什么道德或不道德了。能做的就是尽一切可能使它的雇员遵守职业道德规范。最好记者能注意一下自己的处境，作为记者，他能否接触资料库？记者最好不要接受他要采访的单位赠予的免费门票去游玩娱乐。可是如果他自费购买门票，报社是否应该给他报销呢？

记者和公司在违反社会道德行为的标准之间差别有时如此之大，以至于对职业道德的讨论听起来已经毫无用处了。的确，这可能导致危险。这不会是某种策略的一部分吧？这个策略的目的是不是就是先给记者一种要做真正专业人士的幻想（实际上在缺乏独立和资金的情况下，他们不可能做到），然后将公众的不满转嫁到他们身上，再把他们打发到荒郊野外去，就像人人都知道的替罪羊那样呢？

结　　论

在过去的五十年里，世界各地的媒体都得到了极大的改进。这种改进首先得益于新的通讯方式，由此产生的主要结果是，"自由的技术"使得任何类型的独裁者都无法对言论进行检查。然而另一方面，大公司对媒体世界的控制也增加了。专业人员和公众需要动员起来,组织起来,用必要的设备和武器来装备自己。在过去的半个世纪里,很多方面的改善都得益于他们的行动。例如正是因为民众的压力,才导致了欧洲许多国家的政府在二十世纪八十年代解除了国家对广播电视的垄断控制。

新环境 通常情况下,媒体总是在发生危机的时候才开始重视职业道德。因此,它们往往将职业道德只当成一种处理公众关系的工具。这种看法对它们的事业发展和前途是非常危险的。今天,幸运的是,众多强大的因素正在发挥作用。首要的因素是公众的知识水平和活动能力正得到缓慢的提高。很多人逐渐意识到良好的媒体服务是至关重要的,意识到媒体应该履行它们的所有使命,意识到传统媒体并不令人满意。虽然进展缓慢,但是他们已经逐渐意识到必须参与这种改革。第二个因素似乎是年轻一代的专业人员对他们的职业有了更好的认识,他们以更大的热情为捍卫媒体的自由和责任而战。

质量管理正变得既更有用又更可行。变得更可行是因为越来越多的国家已经建立了新闻自由,世界各国政府垄断控制广播电视的情况越来越少。此外,变得更有用是因为两个原因,其一,大财团对媒体的威胁在不断增加。过去,我们已经清楚地看到,如果某些新闻和新的想法危及大公司的利益,这些新闻和新想法就会遭到封杀。其二,新技术的发展也展示了令人不安的另一面,侵犯个人隐私比以前更加容易;不经任何检查、筛选或考虑,实况报道就可向外直接播出;在互联网上,纳粹的宣传及病态的色情已经成了很普通的现象。

质量管理的回报 当然,媒体职业道德是许多进步的一个部分。这些进步反映在信息收集、雇员能力、图片和色彩的质量、编排、印刷、发行等各个方面的改进上。这样的进步最终将惠及每一个人,资方、广告商、专业人士、技术人员和公众。高品质能造福于人类,也会增加利润。

在美国,一些媒体老板在严厉的批评压力下,开始希望为公众提供更好的服务。很多人觉察到这样做需要资金支持。令广告商痛心不已的是,商业电视台丢失了许多受过良好教育而且富裕的观众。印刷媒体感觉到了新型媒体的竞争,报纸即使没有任何竞争对手,其读者人数也在不断下降。此外,有些资方也开始意识到他们有可能丧失获利的自由,那些一直对新闻加以限制的行政和立法机构将会打着美丽的民主招牌,即公众的不满,开始做一些事情。

另一个很少被人提及的问题是记者的无产阶级化趋向。在美国,实际的工资收入不断下降,所有地方的士气正普遍低落。这种趋向与利润至上的媒体把基层记者当作工具的做法是联系在一起的。职业道德规范能增加对记者的保护,增强他们的团结,提高他们的尊严,增加他们的影响,由此激发他们的士气,激发他们的创造力。至于公众,媒体职业道德规范将直接提高公众对媒体的喜爱程度,最终将增加公众对媒体的信赖。

不错,一些非常不讲职业道德规范的媒体似乎日子还不错,例如英国伦敦的《太阳报》(每天发行量超过400万份),但事实上,这份英国流行的日报在过去五十年里已经流失了大约四百万读者,而人口却增加了七百多万。下面这个现象不是也很有趣吗?在旷日持久、索然乏味的辛普森案件后,一家美国电视台决定除非与公众利益有关系,否则将不再播出任何犯罪报道。此举一出,电视台的收视率立即上升。没有暴力、没有粗野、没有淫秽的电影,其票房却很好,就连好莱坞电影似乎也很难取得这么好的票房业绩。影片《辛德勒名单》赚了很多钱,可是,如果斯皮尔伯格当初不自已承担财务风险的话,人们也就看不到这部电影了。在一个环境完全不同的地方,如二十世纪九十年代后苏联时代的拉脱维亚,遵从职业道德已成为报纸求得生存发展,有别于与腐败沆瀣一气的媒体的一种方法。

人们应该记住媒体职业道德和媒体责任体系具有多个目的,即要改善媒体对公众的服务,重建它在公众眼中的尊严,从多方面保护言论自由和新闻自由,为这个行业争取自治从而推进民主和改善人类命运。

专业人员自治 媒体专业人士的首要目标不是为公司创收,而是为构成整个社会的各个族群提供更好的服务。作为雇员,他们不能公开反对雇主。那他们怎样才能摆脱他们的依赖性呢?最好的办法就是像手艺高超的匠人那样对待自己的工作:善于观察事件和趋势,善于采访决策者,善于组织数据,善于解释事实与看法以及善于写报道。记者的优秀作品将给他们的老板(更多的可能是成千上万股东)带来丰厚收入,这将使他们高兴。

另一方面,记者们的行为若一向符合职业要求的原则及规则,能向公众提供无懈可击的新闻信息,并在各方面采取负责任的态度,那么记者们就会赢得民众的支持,公众就会将媒体视为一种行业,将第四等级视为一种公共机构,将记者视为信息收集和处理方面的专家。即使记者们遭受不公正的压力,记者们也能在职业身份保护下予以抗争。记者对职业道德规范的关心和兴趣可以被看作是一种标志,表明他们最终想要获取至少一些权力工具。

自由和质量 如今,在很多西方国家,至少一部分专业人士已经明白,质量管理对他们来说是一种能够对付媒体疯狂商业化的最好方式。他们已经懂得,像媒体责任体系这样的制度能向消费者提供接触媒体的途径,可以提高这个行业的影响力和声望,从而满足媒体消费者的需要。有些新闻记者已经意识到,媒体责任体系非但不是对他们的威胁,反而是一种武器,一种绝对重要的武器,用它可以保卫新闻自由,与所有新闻自由的敌人作斗争。

仅有职业道德还不够 半个世纪以来,媒体所取得的明显进步似乎主要得益于电子技术、国家对广播电视垄断的终止,以及国家强制媒体必须履行的义务。但在职业道德方面,其发展速度确实像冰川一样缓慢。不过要是从历史的角度看,媒体在这方面的变化还是可以察觉得到的,例如,专事勒索讹诈的报纸销声匿迹了,党派报纸不见了,广播电视不再听命于政府,针对个人或思想的卑鄙活动没有了。记者手中的红包比以前要少多了,更多的新闻记者受过大学教育。

然而,过高评价媒体职业道德规范与过低评价它是一样危险的。在今天的世界里,自从苏联解体后,对新闻自由和媒体质量构成的主要威胁来自于那些以牟利为导向的巨型公司对传播渠道的疯狂利用。人们不应指望媒体职业道德就能抑制住那些商业巨头的贪婪胃口。柏林墙倒了,它压碎了拥护苏联式媒体的呼声,但从另一方面看,市场化的疯狂却仍然甚嚣尘上。就算现在所有"媒体质量管理体系"都得以实施,仍然不够用。

对法律和法规的需要仍然存在。首先,要保证所有媒体有公平的参与环境。其次,要制止商业公司的垄断趋势,制止商业公司追逐利润最大化并忽视公益服务的趋向。最后,因为记者个人无法单独为其所在媒体所作所为的对错负责。如果仅仅其雇员的行为符合职业道德规范,从而就认为媒体可以避免出错,这种想法难道不荒谬吗?然而,此种看法在英语国家里并不少见,在这些国家里,人们能期待出现的解决方法将来自市场与媒体职业道德规范的结合。

欧洲人在二十世纪八十年代将视听媒体从政府束缚中解脱出来时,也合理地保留了较为严格的控制以保护公众利益,因此,人们对职业道德的兴趣也就越来越大。事实上,社会需要有法律、市场和质量管理,三者缺一不可。当然在实际情况中,如何正确运用三者的参与比例是很困难的,这将受当地文化和历史事件的影响。

现在要做的事情 在美国有一个非常好的政治概念,那就是"道德领导"。它要为国家、社会团体或机构建立一个崇高的目标,尽管人们已经充分地认识到这个目标不可能立刻达到。这个目标要引导人们追求正直公正,说服大家朝着正确方向工作,摒弃幻想,充满信念。传播职业道德的信念,媒体责任体系与"道德领导"的目标是一致的。

人们应该记得十七世纪中期英格兰激进的新教徒们。在他们的要求中有一项是要求所有人都应享有接受教育、保持健康和工作的权利。免费的义务教育制、全民健康保障系统和失业救济这些在那个年代看起来纯粹是乌托邦式的理想，现在都已成了很常见的事情。

媒体责任体系网络 如今，只在座谈会、研讨会、学术会，只在文章、图书或广播节目中使用一些敏感、巧妙或者惊人的词语就足够了吗？我们能对媒体职业道德规范得不到落实的情况感到满意吗？不。因此，需要有媒体责任体系。如果现在还去辩论媒体责任体系的价值的话，那将是很荒谬的。正像我们以前说过的那样，媒体责任体系已经经过试验，已经被证明是有效的，不对任何人造成伤害。

现在的目标是必须吸引广大专业人员和广大公众的注意力，去集中到积累经验上来，集中到发现总结媒体责任体系的巨大潜力上来。由于很多媒体责任体系是新近才出现在媒体舞台上的，人们还不习惯不熟悉它们。所以，可以坦诚地讲，应该逐步引入这些非政府的、非赢利的力量，并逐步加以发展。媒体责任体系网络只能慢慢建立，在其刚开始的时候尤其缓慢。

为什么需要一个网络呢？原因是尽管每一种现有的媒体责任体系都是有效的，但没有一种是完全的、充分的。不可能指望单一一种制度就能产生出巨大且直接的影响。这是因为它们的功能体现在不同的层面，体现在不同的时间范围上，它们的功能是互相补充的。鉴于他们互相补充加强的效果，我们有时能够期待一种雪球效应。最大的问题是如何让这个雪球开始滚动。还有,媒体责任体系能产生长远的强大影响力。理想的局面是在将来几十年内,它们全都存在于世界各地,既不丧失各自特点,又能互相补充合作于广阔和灵活的网络空间中。

就像二十世纪七十年代在美国明尼阿波利斯城曾短暂存在过的新闻委员会一样,美国明尼苏达州新闻委员也将其根基建立在大学的新闻学院里,学院的很多教授协助当地记者编辑《双城新闻评论》。该杂志为当地各家日报和广播电台提供建议,创立了一个"新闻自由与公平审判委员会"。他们写了很多文章和专著,当然,也讲授媒体职业道德。

促进推广 媒体职业道德应该建立在自愿和一致认同的基础上,这似乎是一致的看法,因而有关方面应该就各项准则的确切内容和执行措施展开讨论。应该对管理者和被管理者做工作,使他们接受正确的观念。随着人们对职业道德越来越感兴趣,世界各国就会想办法鼓励专业人士遵守这些准则。现在世界上几乎所有地方,人们都对这个问题给予了很多的思考,写了很多著作,做了很多试验。所以,进行不同地区间的信息交流是非常必要的。以下是一些切实可行的建议,其目的是使媒体从业人员、政治家和普通民众了解媒体责任体系。

研究与交流 第一步要做的工作是,在世界范围内研究人们在媒体职业道德和媒体质量管理领域里已经做过哪些阐述，更重要的是已经做了哪些事情，这是对质量管理人员所做的一种实地调查研究。应该出版一本或几本这方面的书籍来介绍研究成果，介绍媒体责任体系的发展史，它的多种形式、社会作用以及目前面临的各种问题。这种书籍应该用不同语言出版，其中至少应该有一个简明扼要、具有吸引力而且价格便宜的版本。

还需要宣传，宣传，再宣传。要在世界各地举办各种各样的会议，引起新闻记者的注意，引起媒体的注意，让各种类型的决策者们参与到促进媒体责任体系的工作中来。二十世纪八十年代和九十年代，各种新闻委员会，或者欧洲理事会曾举办过各种类型的讨论会、研究班和研讨会。国际新闻学会（IPI）、世界报纸协会（FIEJ）、新闻记者国际联盟（FIJ），以及其他各种非政府组织，甚至联合国教科文组织也都能致力于此项工作。此外，在美国，各种新闻学院、基金会、行业协会以及对质量管理感兴趣的各类新闻组织也可以参与这方面的工作。

信息中心 而且，还应在世界各地建立各种致力于媒体职业道德的信息交流中心。例如，在大学里、基金会里、监察组织里，或各种与媒体有关的研究机构里。至少每个洲都应该有一个这样的中心，并建立起发布新闻公告、提供论坛、提供在线讨论和数据库的网站。第一个这样的网站未花费太多的钱于1999年初由法国新闻学院（巴黎第二大学）开通，其网址是：http://www.u-paris2.fr/ifq。

这种中心和网站的目的是，在没有国家干预的情况下，帮助媒体改进服务。它们应该还有其他的功能。首先是收集各国媒体职业道德危机方面的信息，收集与职业道德有关的会议、培训活动（课程、研究会、座谈会和研究会）方面的信息。其次，它们还应大量收集各种与媒体职业道德和媒体责任体系有关的文献，如文章报道、专题论著和学位论文、以前的和现在新出版的图书等。再次，它们还应将这些文献以各种方式（网页、书籍目录公告、缩微胶片、光盘等）向公众开放，而且通过电子邮件、传真和信件等方式回答各种询问。

这种中心和网站还应促进信息、经验和思想的交流。他们应该鼓励记者、电台和电视节目制作人、学术界、政府官员、政治家、公众成员间就职业道德和责任方面进行交流，应该组织各种讨论会、圆桌会议或研讨会，或者出版报纸、合作出版与媒体职业道德和媒体责任体系方面的图书。

要最大可能地寻找资金来源，以保证这类机构的独立性。资金最好来自各类基金会、大学、全国性或国际性出版商协会及新闻记者协会等。这类名单也可以谨慎地扩展到管理机构、电视网及报业集团等。

媒体职业道德并不是二十世纪六十年代的抗议活动后诞生于美国、第一次海湾战争后出现于欧洲的一种流行时尚，不是一种对付公众对媒体不信任浪潮的短暂反击。它不是一些知识分子的幻想，也不是某个广告设计人员的策略。媒体职业道德体系是提高媒体质量的唯一方法，而且是完全民主的有效和无害的方法。它的发展的确很缓慢。所以，我们更有理由毫不拖延地促进媒体责任体系向前发展。如同任何一种新生事物的成长一样，它需要能量、创新精神、关爱、组织观念和团队精神，以及一些投资。

附录1 参考书目

有关媒体的一般性论著

Bertrand Claude-Jean(dir), *Médias, Introduction à la presse, la radio et la télévision*, Paris, Ellipses, 1995, 2ème éd. 1999.

Derieux Emmanuel, *Droit de la communication*, Paris, LGDJ, 1991, 3ème éd. 1999

媒体职业道德论著

书籍

Alix François-Xavier, *Une éthique pour l'information*, Pais, L'Harmattan, 1997.

Bernier Marc-François, *Ethique et déontologie du journalisme*, Québec, Presses de l'université Laval, 1994.

Bertrand Claude-Jean (dir), *L'Arsenal de la démocratie: medias, déontologie*, M*A*R*S, Paris, 1999.

[complément du présent ouvrage, contient une très abondante bibliographie de titres en anglais].

Cayrol Roland, *Médias et démocratie: la dérive*, Paris, Presses de xciences po, 1997.

Cornu Daniel, *Ethique de l'informatiom*, Paris, PUF Que Sais-je, 1997.

Cornu Daniel, *Journalisme et vérité*, Genève, Labor & Fides, 1994.

Halimi Serge, *Les nouveaux chiens de garde*, Paris, Liber, 1997.

Libois Boris, *Ethique de l' information: . Essai sur la déontologie journalistique*, Bruxelles, Ed. de l'Université, 1994.

Mamou Yves, *C'est la faute aux médias: la fabrication de l' information*, Paris, Payot, 1991.

Pigeat Henri, Médias et déontologie, Paris, PUF, 1997.

Pinto de Oliveira C-J., *Ethique de la communication sociale*, Fribourg, Editions universitaires, 1987.

Riboreau Guy, *Déontologie du journalisme radiophonique*, Paris, RFL, 1997.

Woodrow Alain, *Information Manipulation*, Paris, Ed, du Félin, 1991.

期刊报道和期刊号

Dossiers de l'audiovisuel(Périodique de I'INA), "Télévision et déontologie", N°36, mars-avril 1991.

Medias Pouvoirs, "L'éthique du journalisme", dossier, n°13, 1er trimestre 1989／"Déontologie des médias", 3ème trimestre 1998.

SNJ, *Livre blanc de la déontologie des journalistes ou de la pratique du métier au quotidien*, Paris, SNJ, 1993(81. p).

附录 2 作者著作

— *The British Press : An Historical Survey* (Préface de Lord Francis-Williams), Paris, OCDL, 1969.

— *Le méthodisme*, Paris, Armand Colin, 1971.

— *L'anglais de base*, Paris, Hachette, 1972; 15ème édition rév. 1995. Traduction espagnole.

— *Versions : Ecrivaims anglais et americains du 20ème siècle*, Paris, Masson, 1972 ; 3ème éd., Nancy, PUN, 1987.

— *Les médias aux Etats-Unis*, Paris, PUF, Que Sais-Je n° 1593, 1974; 4ème éd. 1995. Trad. japonaise etespagnole.

— *Les Eglises aux Etats-Unis*, Paris, PUF, Que Sais-Je n° 1616, 1975.

— *La civilisation américaine*, Paris, PUF, 1979; 4ème édition révisée 1993(avec

A. Kaspi & J, Heffer).

– *Les Etats-Unis : Histoire et civilisation* , Presses universitaires de Nancy, 1983; 3ème édition 1989.

– *La television por cable en America y en Europa*, Madrid, Fundesco, 1986(avec E. Lopez-Escobar).

– *Les années 60*, Presses universitaires de Nancy, 1989.

– *Les médias américains en France*, Paris, Belin, 1989(avec F. Bordat).

– *Les Etats-Unis et leur télévision*, Paris, INA/ Champ Vallon, 1989. Traduction espagnole.

– *Les médias français aux Etats-Unis*, Presses universitaires de Nancy, 1993(avec F. Bordat).

– *Médias: introduction à la presse, la radio et la télévision*, Paris Ellipses, 1995[direction et collaboration].

– *Les médias et l'information aux Etats-Unis*, Paris, Ellipses, 1997[direction et collaboration].

– *Les médias en Grande-Bretagne*, Paris, PUF, Que Sais-Je n° 3415, 1998.

– The Anglo-American Book of Wit and jokes, Paris, Ellipses, 1999.

图书在版编目(CIP)数据

媒体职业道德规范与责任体系/(法)贝特朗著;宋建新译.—北京:商务印书馆,2006
(商务新知译丛)
ISBN 7-100-04897-4

Ⅰ.媒… Ⅱ.①贝…②宋… Ⅲ.新闻工作者-职业道德-研究 Ⅳ.G214

中国版本图书馆CIP数据核字(2006)第008380号

所有权利保留。
未经许可,不得以任何方式使用。

商务新知译丛
媒体职业道德规范与责任体系
〔法〕克劳德-让·贝特朗 著
宋 建 新 译
刘 振 琪 校

商 务 印 书 馆 出 版
(北京王府井大街36号 邮政编码100710)
商 务 印 书 馆 发 行
北 京 民 族 印 刷 厂 印 刷
ISBN 7-100-04897-4/G·725

2006年8月第1版　　开本 787×1092 1/32
2006年8月北京第1次印刷　印张 5 3/8
印数 5 000册

定价:10.00元